农民资金互助合作社发育与风险防控管理研究

『高 雷 著』

中国农业科学技术出版社

《农民资金互助合作社发育与风险防控管理研究》

著作委员会

主　著　高　雷　中国农业科学院农产品加工研究所

副主著　王凤忠　中国农业科学院农产品加工研究所

　　　　鞠光伟　中国农业科学院办公室

　　　　佟继旭　中国农业科学院研究生院

　　　　杨　红　农业部工程建设服务中心

　　　　苏月霞　淮阴师范学院

前　言

本文基于新制度经济学理论，在准确了解我国农民资金互助合作组织发展现状的基础上，从全面总结发达国家农村合作金融的发展经验出发，以江苏盐城案例为代表对我国农民资金互助合作组织的风险形成机制进行理论性诠释，构建适合我国农民资金互助合作组织发育的风险识别体系，并进一步深入探究我国农民资金互助合作组织的治理机制与风险管理模式，构建科学有效的资金互助组织风险管理范式，提出明确农民资金互助合作组织的责任归属，加强监管力度；建立完善的风险转移机制、完善农业保险体系、健全社员筛选机制、有限制的扩容社员规模；建立商业化的管理运营机制、加强系统内人员培训；建立健全内部治理和决策监督机制、降低个人在决策中的主导权；建立良好的奖惩机制、提高内部人员工作热情等政策建议。提出明确农民资金互助合作组织的服务对象、满足广大普通农户的信贷需求；强化互助合作的特征、弱化盈利目的、避免组织规模地过度扩张；明确农户的各类信贷需求、加强与农村专业合作社等之间的合作；深化与正规金融机构间的合作、转移资金互助社的资本风险等互助合作组织发展建议，以期为我国农民资金互助合作组织健康有序、规范地可持续发展提供理论参考。

概念界定

互助：自然法则的一种，是描述一种通过合作方式实现合作双方都获得利益的生物关系。

金融：金融的内容可概括为货币的发行与回笼，存款的吸收与付出，贷款的发放与回收，金银、外汇的买卖，有价证券的发行与转让，保险、信托、国内、国际的货币结算等。

风险识别：指在风险事故发生之前，人们运用各种方法系统地、连续地认识所面临的各种风险以及分析风险事故发生的潜在原因。

风险防范：指有目的、有意识地通过计划、组织、控制和检察等活动来阻止防范风险损失的发生，削弱损失发生的影响程度，以获取最大利益。

系统性风险：是指一个事件在一连串的机构和市场构成的系统中引起一系列连续损失的可能性。

非系统性风险：指对某个行业产生影响的风险，它通常由某一特殊的因素引起，与整个行业不存在系统的全面联系，而只对个别行业收益产生影响。

农村资金互助社：指经银行业监督管理机构批准，由乡镇、行政村农民和农村小企业自愿入股组成，为社员提供存款、贷款、结算等业务的社区互助性银行业金融业务。具有类似或关联生产模式的农民共同发起、拥有和管理，为了获取便利的融资服务或经济利益，按照资本入股、民主管理、互助互利的原则建立的互助金融组织，在社员熟悉的小范围内开展业务，它以投入股本的农民为社员，并以社员的股本为资金来源在社员内部发放贷款，合作社成员不管占有股份多少，都是一人一票；合作社设立的董事会和监事会，都是从社员中选举产生；定期召开股东大会，研究决定合作社重大事项。

目　录

第一章　引　言

在改革开放的现代化进程中，社会主义新农村建设的成功与否至关重要，农村经济如何发展已经成为影响我国经济发展的重要因素。1997 年东南亚金融危机后，我国开始对金融机构进行了大力改革以来更好地防范金融危机，同年，我国国有银行几乎从农村地区全面撤出，农村地区的金融机构服务网点大幅度减少，使农村信用社成了农村金融的主导力量。但农信社由于历史不良资产和产权关系不明确等原因，其对农村地区的信贷服务能力也逐渐下降。世界各国经验表明，农村金融对农户乃至整个国家的经济发展都非常重要，也是农村经济发展的重要一环。一个完善高效的农村金融市场，对提高农民收入水平和福利水平、减少农村贫困人口、缩小贫富差距都具有重要意义。但我国现有的农村金融体系还不够完善，不仅现有的金融机构如中国农业银行、邮政银行和农村合作信用社对农村金融的供给不断缩水，农村金融服务体系改革的“支农性”已基本异化，远远不能满足农村地区的金融需求，而且农村内部的资金外流现象也十分严重，商业银行把在农村获得的大部分存款投放在城市贷款中以获得高额利润，加剧了农村供给资金的不足。

2006 年 12 月，银监会出台《关于调整放宽农村地区银行业金融机构准入政策若干意见》，准许产业资本和民间资本到农村地区新设银行，批准在农村可以设立村镇银行、信用合作组织、专营贷款业务的银行全资子公司。并允许农村地区的农民和农村小企业，发起设立为入股社员服务、实行社员民主管理的社区性信用合作组织。改革者在新形势下允许农民创立自身金融组织来实现自身融资需要的新制度安排，促使全国各地以农民资金互助组织为主要形式的新型农村金融机构应运而生。按照银监发〔2007〕7 号文件定义，农民资金互助合作组织由行政村农民和农村小企业自愿入股组成，为社员提供存款、贷款、结算等金融业务的社区互助性银行业金融机构。2007年年初，中国银监会核准四川仪陇惠民村镇银行有限公司和四川仪陇惠民贷款有限责任公司2家机构开业，批准吉林东丰诚信村镇银行股份有限公司、梨树闫家村百信农村资金互助社和青海乐都雨润镇兴乐农村资金互助社等3家机构筹建。2007年2月4日，中国银监会印发了《农村资金互助社示范章程》。2007年3月9日，百信互助社正式挂牌成立，成为社区互助性银行业金融机构，具有法人资格。从以上政府农村金融改革的政策可以看出，政府对农民资金互助合作持肯定和支持的态度。

近几年来，政府逐步引导和扶持多种所有制体制的农村金融发展，我国从2004年到2013年每年的中共中央国务院一号文件（简称中央一号文件，全书同）都涉及农村金融体系的发展问题（表1-1）。从2006年年底，银监会出台了《关于调整放宽农村地区银行业金融机构准入政策，更好地支持社会主义新农村建设的若干意见》，到2007年年初《农村资金互助社管理暂行规定》的出台，在一系列国家政策的推动下，农民资金互助社在全国各地逐步发展开来。

表1-1 中央一号文件关于农村金融体系建设的相关表述

年份	相关表述
2004	多种所有制体制的农村金融体制创新
2005	允许有条件的地方建立小额信贷组织
2006	鼓励在县城内设立多种所有制的社区金融机构，大力培育小额信贷组织，引导农户发展资金互助组织
2007	开展农村多种所有制金融组织在贫困地区的试点
2008	通过批发、转贷等融资交易方式，解决新型农村金融机构的资金来源难问题
2009	增强农村金融的服务能力，发展多种形式的农村金融组织
2010	加快培育村镇银行、贷款公司和农村资金互助社，积极引导社会资本建立各种新型农村金融机构
2012	有序发展农村资金互助社组织，引导农民开展信用合作
2013	改善农村金融服务，加强国家对农村金融改革发展的扶持和引导

农民资金互助组织的诞生和发展是在监管部门的主导下开展的，它既区别于农信社等“官方”信用合作部门，也不同于某些追求商业利润最大化、股份合作制的农村合作银行，是一种真正意义上的内生性金融组织：首先，农民资金互助组织的实施主体是个人、企业或由它们组成的群体；其次，农民资金互

助组织是自发的、自下而上的、局部的现象和行为；再次，农民资金互助组织仅为入社社员提供融资，业务一般以村、镇为边界，不以利润最大化为唯一目标；最后，相关法规规定，农民资金互助组织内部必须实行民主管理，经营决策以社员一人一票为主。

农民为了发展生产和提高自身的生活水平，自发的在融资领域里实行资金互助合作，为农民生产、生活提供低利率的资金，在一定程度上填补了农村经济发展中对农民在金融服务上的空缺，促进了农村金融组织的创新和农村金融市场的发展，有效缓解了农村金融供求矛盾，推动农业发展和农民增收。农民资金互助合作组织的产生和发展，不仅符合中国特色市场经济规律，也是对我国互助合作机制的创新发展，它的产生是对我国现有农村金融体系的补充和完善，是在实践中探索出的一条符合我国国情的农民资金互助道路。

农民资金互助合作组织的出现为解决农民信贷需求开辟了一条新的道路，然而由于各主体对组织的定位不清等诸多原因，部分地区农民资金互助合作组织的发展出现了组织异化的现象。随着农民资金互助合作组织生存环境的不确定性进一步加深，组织规模扩大以及成员异质性导致的治理问题凸显，互助组织面临的风险范围更广，种类不断细化，迫切需要识别出那些对于互助组织发育、决策和经营绩效起重要影响的关键风险，为互助组织实施有效的风险管理提供必要的前提和基础。

制度设计和变迁不能以工具性制度代替目的性价值，而要考虑到稳定和保障绝大多数人的利益（李君如，2009）。学界普遍认为，农民资金互助组织使农户拥有了交易成本较低的融资渠道，增强了普通农户的融资能力，在扶持农民创业、增加农民收入、促进农村繁荣等方面将具有积极的推动作用。但时至今日，就整体而言，农民资金互助组织在发展过程中仍面临着许多困难和疑惑：外部管理制度和政策措施发展不健全（卢勇智，2010）、组织发展偏离合作原则（沈杰等，2010；王建英等，2011）、信贷业务难以为继（邵传林，2010）等消极现象屡现，削弱了该组织的制度绩效。面对这样的现实，联想到农信社改革的教训和农村合作基金会的命运，人们不禁要问：农民资金互助组织的发起、成立与演化的一般逻辑是什么？组织内、外部的制度因素在其中发挥了哪些作用？这些作用得以实现的原因和机理又是什么？最重要的，为使农民资金互助组织长久、健康地为“三农”服务，应当怎样对有关它的各类制度安排进行改进与创新？

有序发展农民资金互助合作组织，引导农民专业合作社规范开展信用合作，意味着在今后一段时间内规范发展农民资金互助合作组织成为研究主题。而如何规范发展则是首先在于识别农民资金互助合作组织的经营风险，并基于风险识别的农民资金互助合作组织风险管理的制度安排。因此，本课题基于新制度经济学理论，在准确了解我国农民资金互助合作组织发展现状的基础上，从全面总结发达国家农村合作金融的发展经验出发，以江苏盐城案例的方式对我国农民资金互助合作组织的风险形成机制进行理论性诠释，构建适合我国农民资金互助合作组织发育的风险识别体系，并进一步地深入探究我国农民资金互助合作组织的治理机制与风险管理模式，构建科学有效的资金互助组织风险管理范式，为我国农民资金互助合作组织的健康有序规范地可持续发展提供理论参考。

第二章 文献综述

一、农村金融市场结构

农村金融市场论主要有以下一些观点：一是农村居民及贫困阶层有一定的储蓄能力，从外部向农村注入资金，显得必要性不足。二是低利政策抑制了人们向金融机构存款的动力，阻碍了金融的发展。三是存款回收率降低的重要因素是对资金使用的外部依存度高。四是由于农村资金存在较多的机会费用，导致非正规金融有较高的利率。农村金融市场论认为，不是农民没有能力而致使农村金融投资金缺乏，而是农村金融体系存在不合理的金融安排，譬如政府管制、控制利率导致金融市场发展受到抑制。因此，要减少政府干预，充分发挥金融市场的作用，取消政府主导的专项特定目标贷款，开展非正规金融市场等。在政策建议方面，主张以下一些政策：一是在农村金融市场中，农村内部金融中介作用尤为重要，储蓄动员是关键方面。二是为更好的动员储蓄，保证资金供求平衡，必须实现利率市场化，实际存款利率一定不能为负值。三是农村金融成功的衡量标准，主要是金融机构的资金中介额与其经营的自立性和持续性。四是为特定集团的定向目标贷款制度没有必要。五是非正式金融具备合理性，应当把正式金融与非正式金融融合起来发展。

发展中国家金融市场是不完全竞争市场，借贷双方信息不对称所引起的道德风险和逆向选择导致了严重的市场失灵，需要政府对失效的部分予以补救（Stiglitz and Weiss，1981），由此导致20世纪70—80年代发展中国家的农村金融市场基本都被国有金融机构所垄断（Davisand Hare，1997；Unido，et al.，2003）。北非、中东和东南亚的一些发展中国家，例如埃及、中国、印度和巴基斯坦都实行的是国家补贴的农村信贷政策（Meyer and Nagarajan，2000；Sharma，et al.，1999）。政府直接干预造成了农村金融市场的低效率和国有金融机构的严重亏损，使得20世纪80年代以后发展中国家陆续开展了农村金融市场改革，放开农村金融市场，鼓励商业性和私有金融机构进入（Desrochers，et al.，2003；Ferrari，2008；Awusabo-Asare，et al.，2010）。但是在大多数发展中国家，商业银行都没有涉足农村信贷市场，在股份制改造以后，商业银行纷纷关闭了农村的营业网点。罗马尼亚银行体系由5家国有银行和4家私人银行组成，但是Banca Agricola是专门为农村地区提供信贷服务的银行，在农村金融市场处于主导地位（Davis and Hare，1997）。Crouzille，et al.（2006）研究发现菲律宾正规农村金融机构包括商业银行、储蓄和私人银行以及农村地区的合作银行3类，尽管商业银行在银行系统中处于主导，但农村合作银行却是为农民、农村企业等提供小额贷款的主要机构。Meyer（2002）比较了美国、拉美和亚洲国家的农村金融市场，研究发现美国农村银行的竞争程度远高于拉美和亚洲国家。近年来随着农村微型金融机构的快速发展，印度、越南和拉丁美洲等国家和地区的小额信贷市场的垄断格局被打破，竞争日趋激烈（Tsai，2004；Annim，et al.，2009；Tchuigoua，2010）。Ferrari（2008）对孟加拉农村金融市场的研究表明，银行和合作金融机构在金融市场中的重要性下降，而小额信贷机构在农村金融市场上的重要性不断上升，富裕农户和贫困农户的贷款市场都存在竞争，而中间收入的农户信贷市场出现空白。

新型农村金融机构进入市场之前，我国农村金融市场属于明显的二元性结构（何广文，1999），正规金融组织和非正规金融组织并存，即规范的、官方管制的官方金融体系与非规范的、自发的非官方金融体系并存。姜长云（2003）认为相对于整个金融体制而言，农村正规金融市场的垄断和缺乏竞争问题尤为突出。当前农村金融市场中，不论从总量还是贷款对象看，农村信用社都是唯一的一家真正给农户提供借贷资金的正式金融机构（焦兵，2007）。《银行家》研究中心课题组2007年在四川、河南的调研和吉林的调研资料表明，县域存款市场被国有银行、农村信用社、邮政储蓄垄断，贷款市场被国有银行和农村信用社垄断（何广文，2007）。

放松市场准入后，金融市场结构会发生一系列的变化，其影响在各国的表现呈现出不同，如葡萄牙和意大利在放松管制后银行业的竞争度提高（Cetorelli，2003；Canhoto，2004），Neven（1999）也发现放松金融管制后，欧洲银行业居民贷款市场的竞争比企业贷款市场竞争更激烈；也有很多学者发现放松金融管制后，银行的竞争程度反而下降了，如 Levy 等（2007）分析了拉美的 8 个国家以及 Berger 和 Mester（2003）研究的美国银行业，印度银行业在放松金融管制后其竞争程度并没有变化（Kumbhakar，2003）。

而我国学者关于对 2006 年年底银监会发布降低农村金融市场门槛后对农村金融市场结构的研究主要有金融市场供给变化和金融市场竞争程度两方面的研究。沈杰、马九杰（2010）通过调研个别的村镇银行、小贷公司以及资金互助社发现，新型农村金融机构对农信社等原有的金融机构带来了一定程度的竞争压力，同时通过创新金融产品、减少繁琐手续等方式积极满足了农村资金需求主体的要求，但也存在贷款对象上移以及监管难的问题。金晓春等（2008）、黄惠春（2010）以及游江、范梁（2010）等分别对江苏省以及四川乐至县的农村金融市场结构进行了分析发现当前农村金融市场的竞争程度也在提高。周明栋（2008）分析了江苏省第一家村镇银行的运行情况，发现该村镇银行的建立打破了当地以农信社为主导的单一的农村金融市场结构，提高了农村金融市场的竞争程度。张鸣鸣（2007）通过分析惠民村镇银行成立前后农信社的行为指出，村镇银行的建立激活了当前农村金融市场，对农信社造成较大的压力。当前学者关于农村互助社的研究表明互助社能够有效解决信息不对称的问题，而且互助社能够增加农村资金供给，在满足农户信贷需求时具有较高的效率（康蓉英，2008；范方志、周陈曦，2008；王江等，2008；王玮、何广文，2008）。

二、微型金融的相关研究

农村金融的发展受到很多因素的制约，如金融需求小而分散，农业的高风险、低回报，农村地区基础设施比较差，农户缺少抵押资产等，传统的正规金融机构不愿涉足小额的贷款领域，因此在传统的商业银行体系之外，微型金融逐渐发展起来，并成为农村金融的组成部分（Nagarajan and Meyer，2005）。

（一）微型金融的作用

根据世界银行扶贫协商小组（Consultative Group to Assist the Poor，CGAP）的定义，微型金融是指对低收入者提供的诸如贷款、储蓄、汇兑、保险等一系列的基本金融服务，其核心是小额信贷（Microcredit）。微型金融机构（Microfinance Institution，MFI）是指致力于为低收入者提供金融服务的市场主体。其构成复杂多样，包括：从事微型金融服务的正规金融机构；利用外部资金如各种非政府组织及捐赠者出资建立的提供微型金融服务的非政府机构；成员（小组）制集体组织机构如合作金融机构、乡村储蓄与贷款组织等；非正式金融中介机构，如储蓄与贷款协会等，甚至放债者、储蓄吸收机构、贸易商等也都是微型金融服务的供应者。

当今世界上大约有30亿人难以享受到正规金融服务（CGAP，2006），微型金融在帮助贫困和中低收入人口增加收入方面发挥了积极作用。信贷不仅改善资源配置，而且改善收入分配（Gonzalea-Vega，1984），小额信贷的创新之一是以现金流为基础，提供了改善收入分配的可能性（Pischke，2002）。Morduch和Haley（2002）在对已有的研究微型金融对减少贫困的影响的文献进行回顾后认为，尽管许多研究的质量还可以再提高，但大量的证据正在证实微型金融能够增加信贷者收入（Wright，2000；UNICEF，1997；Khandker，2001），降低脆弱性（Wright，2000；Zaman，2000；McCulloch和Baulch，2000）。

Remenyi和Quinones（2000）在总结11个环太平洋亚洲国家的微型金融实践时发现，得到信贷的家庭收入比没有得到信贷的家庭收入明显提高。微型金融服务不仅仅能够提高家庭收入，还对提高妇女的决策权、资产所有权以及政治和法律意识等有显著影响（Cheston and Khandker，2002）。

但也有部分学者认为，应谨慎看待微型金融的社会影响。虽然微型金融机构的服务对象主要是贫困人口，但它这种通过市场机制来扶贫的方式想要长久持续地运作下去的话，就要求它必须实行严格的甄别机制，这就使得真正赤贫人口会被排除在外。因此，微型金融机构并未对赤贫的人产生良好影响（Hulme and Mosley，1996）。同样的，John Weiss和Heather Montgomery（2006）认为，很难劝阻富裕人群不去挤占穷人的金融资源，即使制定标准将微型金融机构的服务对象主要定位于赤贫的穷人，这一标准在实践中也很难实施。

（二）微型金融机构发展的可持续性

而在微型金融机构可持续性发展的研究上，Cristen等（1994）将微型金融的可持续性定义为提供微型金融服务的机构不需要政府、国际机构和慈善组织提供优惠的条件而独立存在和发展的情况，他们认为可持续性与服务更多的穷人是微型金融的两个最基本的原则。微型金融的可持续一般包括财务上的可持续与组织上的可持续两个方面，财务可持续（或称为金融可持续）是指微型金融机构不需要外部提供特别资助的条件下实现自我生存和发展的能力

（Mouluch，1997）。组织可持续是指微型金融机构在工作人员的招聘、培训和使用方面可以独立运作，而不需要外界的支持。

Aghion 和 Morduch（2000）研究分析了小额信贷项目的定价机制中决定利率水平的还款期限安排和价格条款、计息的不同方法对实际利息率水平的影响及与可持续性关系。Meyer（2002）通过对孟加拉微型金融机构的研究发现，它们所提供的金融产品过于标准化，对穷人对金融服务的偏好考虑不周，影响了自身的经济效益和持续运营。为此他提出要以客户的金融服务偏好为出发点，通过改进产品设计来留住客户，实现财务可持续目标。Zeller 和 Meyer（2002）发现，适当的监管和有力的产权保护对小额信贷机构的财务可持续性有重要影响。Vicki Bogan 等（2007）实证检验发现资本结构是影响微型金融机构财务可持续能力的重要因素。Peter Crabb（2008）分析了经济自由度与 MFIs 可持续性之间的关系，发现在经济自由度相对较低和政府干预较多的国家里，MFIs 往往难以实现商业可持续。

Pollinger（2007）认为美国微型金融机构贷款的实际价格低于均衡价格，影响了其长期的财务可持续发展，应从定价机制上改善 MFIs 的可持续性。McGuire（1999）对孟加拉、印度、菲律宾等 9 个亚洲国家的政策环境和监管环境进行了对比分析，总结了政策和监管环境对微型金融经营可持续发展的意义。Nair（2005）研究了印度的 SHG 联盟，认为 SHG 联盟能够产生规模经济，降低交易成本，降低违约率并能提供小型保险增值服务，使得联盟能以低成本补贴 SHG，确保了其可持续性。Woller（2002）从市场营销的角度研究了 48 家机构的业绩表现与市场导向之间的正相关关系，并提出：第一，市场导向是 MFIs 经营业绩（如财务自足性、收入增长、还款率等）的重要决定因素；第二，识别穷人的需求并向其提供有价值的产品，是实现长期财务可持续与深度覆盖率的最佳途径；第三，创造市场导向型的机构文化是中层管理者的责任。

Cull 等（2007）利用 49 个发展中国家的 124 个 MFIs 数据对其财务表现和经营覆盖率进行了实证研究，实证结果表明，样本中有半数以上的 MFIs 都是盈利的（进行了会计调整后），并且变量之间的简单相关说明了在提高利率的同时保持还款率、覆盖率的可能性，这为 MFIs 实现“双赢”目标提供了依据。Richman 和 Fred（2010）利用加纳 2003 年至 2007 年 72 家 MFIs 的面板数据，来研究竞争和借款人的性别组成对 MFIs 可持续发展的的影响。研究表明，行业的竞争增强了 MFIs 的可持续性，减少了对捐助者的补贴或援助的依赖率。一些借贷记录表明，女性的信用更好。研究还发现，管理效率指标和投资组合的质量指标在培养加纳的 MFIs 的可持续性方面发挥了至关重要的作用。

三、农民资金互助组织

（一）农民资金互助组织的起源及发展

农民资金互助社是新形式下的产物，学界农民资金互助社诞生原因的普遍认识为正规金融的缺位，根据银监会的统计，截至 2009 年 6 月底，我国仍有 2 945个乡镇处于金融空白状态。其根本原因在于，农业产业的弱质性使得农村金融风险难以把握和控制，迫使商业性金融资本因无法实现安全和趋利的目标而远离农村资金市场，农户和农村微小企业普遍难以从正规金融渠道得足量信贷。（马九杰，2004；郭晓明，2005；俞建拖等，2005；彭生顺等，2009；刘宛晨等，2008；李世杰等，2010）。

与商业银行、农商行等正规金融机构相比，农民资金互助组织在服务“三农”，缓解农村地区信贷配给等方面具有一定的制度优势。一般认为，农民资金互助组织是正规金融在农村的补充和帮助，尤其是对于农户急需的、小额的贷款，农民资金互助组织有正规金融无法比拟的信息优势，另外不少学者还认为农民资金互助组织有超出借贷本身的社会意义和功能。例如，与正规金融机构相比，基于熟人社区的农民资金互助组织拥有更多的信息优势（王玮，何广文，2008；刘宛晨，段泽宇，2008）以及联合的组织优势（姜柏林，2007；王江，神田键策，2008；徐元明，2007）；同时，农民资金互助组织的作用不仅仅在于满足农户的资金需求，还在于培养农户正确的金融意识和信用文化（何广文，2007），有助于农户合作意识、自主管理能力的提高（张亚军，2008）。

农民资金互助组织的组织类型有所不同，众多学者从不同角度对我国农民资金互助社的类型进行了归类。何广文（2007）在组建形式上将其分为在银监会注册的正式金融机构和农民自发组建的非正规金融组织。这也是当前大多数研究文献中所使用的分类方法。

而汪昌桥、李学邦、马祥喜（2008）通过对农民资金互助组织注资来源的分析，将农民资金互助组织大体分为 3 类：财政资助型、外部捐助型和完全互助型。张德元、张亚军（2008）则根据对已成立的几种典型的农民资金互助组织的调查，从经营模式的角度将农民资金互助组织分为生产合作社内生型、外因推动型及公益型 3 种，并详尽分析了内生型农民资金互助组织具备的切实优势。

在对农民资金互助组织的绩效进行了详尽分析后，目前的学者普遍认为农民资金互助组织在一定程度上缓解了农村金融供给和需求的矛盾。刘宛晨、段泽宇（2008）认为农民资金互助组织内生于农村经济，深深植根于村庄中，可以通过互助社且由其提供担保向农户提供贷款。这样有两个好处：一是信誉好的农户可以贷到更多的款；二是互助社以信用社股东身份作为担保向信用社融资，可以从信用社借入资金，从而可以向更多农户提供贷款或者提高农户的贷款额度。同时，农民资金互助组织是农户自我服务的金融组织，具有内联农户和外联市场的双重属性，起到了农村资金蓄水池的作用，发挥了现有商业银行组织不可替代的地位作用（徐元明，2007）。

从持续发展与缓解贫困的角度来看，农民资金互助组织的作用不仅仅是提供生产性的贷款，当农户无法从正规金融机构申请到消费性贷款时，他们的选择不是将生产性贷款挪作他用，就是缩减家庭消费支出来维持生产。提供消费贷款的现实意义在于保证农户家庭再生产的顺利进行，缓解农户尤其是贫困农户在营养、健康以及人力资本等方面所受到的信贷约束，后者才是贫困群体能否最终走出贫困陷阱的关键（黄祖辉，刘西川，程恩江，2007）。

此外，Leonardo Becchetti（2011）考察了斯里兰卡的资金互助组织在 2004 年印度洋海啸后对当地经济复苏所起的“刺激”作用，研究结果表明当地的互助组织在海啸后的放贷额度远大于海啸前，互助组织在提升灾民的实际收入和再就业方面发挥了积极作用。

（二）农民资金互助组织面临的问题

随着中央对农村地区金融服务设施建设的重视，尤其是 2012 年的中央一号文件中明确提出“有序发展农村资金互助社组织，引导农民开展信用合作”的号召，各地农民资金互助组织发展迅速，数量和规模不断增加。然而，农民资金互助社本身的发展并不顺利：一方面，已有农村资金互助社普遍面临资金供不应求的局面，出现严重的信贷短缺（齐书良，李子奈，2009）；另一方面，银监会框架内的农村资金互助社相比其他新型农村金融机构发展缓慢，并且大量银监会框架外的农村资金互助社因无法获得金融许可证而生存在“灰色地带”（张艳花等，2010）。董晓林等（2012）对这个信贷配给的现象所作出的解释是由于当前监管政策对农民资金互助社存款利率的严格限制，从而导致目前的农民资金互助组织呈现出强烈的净借款者利益倾向。

目前，对农民资金互助组织问题的研究多集中于对其规模和风险控制上。

1. 规模控制

从规模来看，建立之初的农民资金互助组织多因规模过小而存在各种问题，因此，学者在此时的研究分析多在对资金互助组织的发展上考虑。何广文（2007）对河南兰考贺村、南马庄、胡寨农民资金互助组织及梨树百信农民资金互助组织调查分析发现，4 个互助社互助金额平均只有 3 000元左右。这就导致互助社覆盖面不广，不能满足社员多方面要求。

而随着近几年资金互助组织的迅速发展，某些地区因规模的扩张而出现了诸多问题，学者的研究也转向扩大规模后的风险成因与防范等方面。韩国明、周建鹏（2008）和邱子建、李继山（2007）认为资金互助社的比较优势在于特定范围的信息优势，因此，资金互助社只有限定在一定范围内才能有效防止道德风险和逆向选择，控制组织的运营风险，从而获得竞争优势。

而张海清（2008）从组织的治理结构角度看，随着组织规模的扩大，互助社的管理成本增加。同时民主管理决策权力平均化，搭便车的社员人数也在增加，降低了决策效率；民主管理协调一致的成本高，决策质量低。李明贤（2003）也认为资金互助社的定位应该是小而精的微型金融机构，组织规模扩大会增加成本，不利于为低收入农户服务，资金互助社应坚持合作制原则，把业务做小做精，做农民的小银行。

而从农民资金互助组织合作金融类型的角度考虑。陈明文（2009）认为农民资金互助社作为合作金融组织，其最大的特点是实行“一人一票”的民主管理，如果要做到人人参与，组织管理成本将会膨胀，因此，合作金融组织的合作范围不应该过大，边界要适当。周玉玺、王家传（2004）认为按照合作组织的理论，合作组织的内部成员的差异要尽可能小，组织的适应性才强。而资金互助组织范围限制在一定的范围内时，成员才容易在共同的领域达成一致。

也就是说，农民资金互助组织一旦为了解决资金问题而不断扩大吸收存款范围，其规模的扩大将会给组织的发展带来多方面的影响，会引起组织的一定程度的使命漂移，弱化了互助社本身所具有的信息成本优势，也偏离了互助社本身的互助非盈利性的宗旨（陈东平，周振，2012；刘珊珊，2013）。

2. 治理结构及风险控制

农民资金互助社属合作金融机构，关于内控体系和风险控制可以从农信社时期对农村合作金融机构的研究中得到启发。

已有学者调查发现，资金互助组织的内部治理和内控机制的不完善主要体现为：大多数社员还没有充分利用自己的权利对互助社实施民主管理和监督，对权利的运用流于形式，农民资金互助社的权利多集中于管理者或精英阶层（罗荷花，李明贤，2008；张德元，张亚军，2008）；财务管理制度不健全，贷款的发放回收制度和逾期贷款处理方式不规范，经营管理人员缺乏必要专业知识，出现内部人控制苗头等（罗荷花，李明贤，2008；王维航，2008）

农村合作金融机构风险控制相关研究分为两种倾向，部分学者关注外部环境对农村合作金融机构信贷风险控制的影响作用，但有学者认为单纯强调历史与政策性因素，容易导致农信社因监管当局与自身的信息不对称而引发道德风险问题（谢平，2001；张杰，2003）。农村合作金融机构自身的行为异化和内控制度的缺陷才是导致大量不良贷款产生的根源（陈福成，2005；刘社建，2012；张庆亮，2003），产权问题及其决定的公司治理和内部控制问题是风险管理问题的关键和核心（李塞辉，2010）；曹廷求（2011）认为外部环境、内部治理是银行业风险的重要因素，应重点完善银行内部治理机制，并理清市场约束、政府监管等外部治理与内部治理之间的关系。

而在信贷风险控制上，汪冬梅等（2012）调查显示绝大多数农村合作金融机构的高层管理人员都很重视对风险的管理和防范，并设置专门的领导小组进行风险监管，显示出管理者对信贷风险控制意识并不缺乏。刘艳华（2011）也对县域农村信用社的信贷风险防范效率进行 DEA 分析，结论显示农村合作金融机构信贷风险逐年降低。而农民资金互助组织也建立了严格的抵押担保制度，在信贷风险的控制上表现出高度的重视（孔祥智等，2011）。

3. 国外学者对发展中国家合作金融的研究

国外的学者对于发展中国家的农村合作金融体系也进行了一定的研究。已有的文献中，国外学者对发展中国家农村金融体系资金的配置效率进行了大量的研究。Groves（2000）认为，经济转轨国家由于缺乏有效的农村金融市场体系，金融部门对农村资金的配置效率是低下的；Hoyt（1996）的实证研究表明，发展中国家政府主导的农业信贷体系在促进农业投资方面缺乏效率，而发达国家的市场化方式和国家的必要干预措施明显更有效；Frederick（1998）认为，政府推动的农业贷款会增大农村金融风险而且效率低下。

Ahlin（2011）以全世界 373 家农民资金互助组织为研究对象，分析了宏观经济形势与宏观制度环境对互助组织业务绩效的影响，认为互助组织的贷款违约率、利率、单笔贷款的管理费用与国家经济增长势头成反比，与主管机构的结构复杂程度和腐败程度成正比。

（三）国外对合作金融问题的研究

国外的合作金融起源于19世纪的欧洲，是随着资本主义社会经济的发展而发展起来的。从某种意义上讲，合作金融的思想带有深厚的社会主义色彩，代表人物就是以欧文、圣西门、傅立叶为代表的空想社会主义者。世界上典型的合作金融思想是法国人提出的，他认为货币信用关系是社会剥削存在的根源，主张通过信用合作实现互惠的交换制度。德国是世界上最早出现合作金融机构的国家，最具有代表性的机构形式就是信用合作社。

1. 治理结构

国外学者在治理结构方面也做了很多研究。首先，在经营管理制度方面，国内外研究成果同样较为丰富，基本上已经形成了较为完整的研究体系，研究成果已经进入了实际应用阶段。

英国知名社会金融学家汤姆·汉斯（1979）通过资本制度、法人治理制度、经营制度、利息理论分析、资产负债结构的制度性缺陷及联合体制度的建立和运行以及机构的规模经济和范围经济6个方面，对合作金融的经营管理制度进行了深入全面的研究分析。

其次，在产权制度方面，库克（1989）对合作金融中的产权不明晰进行了分析。他认为，合作社的股本一直以来都存在搭便车、眼界问题和资产组合等投资问题，并且提出通过以封闭的社员资格政策加上销售协议来解决搭便车问题，特别是内部人搭便车的问题；并应在合作社建立股份的二级市场，允许合作社股份的转让和赎回。库克通过对合作社赞助人的实际考察后认为澄清的产权制度提高了创造投资激励的可能性。

斯蒂芬森等（1886）认为产权制度决定分配制度，所以合作金融的复合产权制度决定了复合的分配制度，其主要是以实际业务量为依据实行分配的复合分配制度。在朴金环（1866）的研究报告中认为分配制度就是对剩余权的规定。合作社则是真正代表了社员的利益。信用社和其他合作社一样，根据交易额成比例的返还利润。多种分配方式的配比有利于提升资金的整体安全性。

2. 规模与绩效

除治理结构外，国外对合作金融机构的规模和绩效方面做了充分的研究，Croteau（1956）的研究是最早评估信用合作社绩效的文献之一。该研究采用财务比率分析美国信用合作社的绩效，发现美国信用合作社具有规模报酬递增的特点。Dran（1971），Taylor（1972，1978b），Wolken 和 Navratil（1980）和 Fry，et al.（1982）对美国信用合作社的研究，得出类似的结论。

其他国家信用合作社规模报酬的研究结论较为不一致，对于澳大利亚的信用合作社，Crapp（1983）使用柯布·道格拉斯生产函数进行研究得出与 Brown 和 Connor（1995）一致的结论，澳大利亚的信用合作社呈现规模报酬递减。Esho（2000）考虑到实务补贴，而之前的研究没有考虑这一点。这也许可以考虑到为何早期的研究结论是规模报酬递减。对于加拿大，Murray 和 White（1983）、Kim（1986）各自使用多产品的超越对数函数，研究发现加拿大的信用合作社呈现轻微的规模报酬递增。对于英国，McKillop，et al.（1995）基于配对差异率的研究，发现规模报酬递增。Sibbald 和 McAlevey（2003）使用一个类似的方法，发现新西兰的信用合作社先呈现规模报酬递增，超过一定阈值后，呈现规模报酬递减。

综合以上早期研究发现，信用合作运动在大多数国家是规模报酬递增的，这为信用合作社通过内部扩张或通过合并和收购实现增长提供了理由。

3. 发展方向

而 Albert（1985）认为新型的合作金融组织虽然保留着传统的“一人一票制”，但是已经出现了新的合作形式，对社员持有股金的数量不再进行限制，并且还采用了资金与业务合作、资金与技术合作、资金与其他财产合作等形式来吸收资本金，诸如“劳动股”“人口股”“田亩股”等计股方法。

俄罗斯经济学家伊万诺夫认为，随着合作金融规模的扩大，其商业化倾向逐步增强，这导致了合作金融的互助和非营利性原则逐步弱化，主要表现有：第一，对以前相对简单的合作金融业务进行了拓展和创新，以此来吸引更多的投资者；第二，扩大经营范围，提供更加广泛的金融服务；第三，服务对象由社员扩展到任何符合条件的客户；第四，追逐利润最大化。合作金融的经营范围、经营方式和经营宗旨越来越接近商业银行的经营模式，管理方式也呈现出股份制公司的特征。Samson 和 Samuel（1886）认为合作金融的商业化倾向明显加重，合作金融组织的营利水平越来越高。他指出，随着改革开放的不断深化，合作金融逐步从以互助理念为主导向以互利和获利相结合的理念过渡。一些信用合作社形成了经济规模和较大的服务网点，呈现出了商业化的特征，这类信用合作社已由互助性合作金融机构向商业性的合作银行或地方商业银行转变。

目前，国际上普遍认为农村金融体系主要由 3 种金融形式构成，即政策性金融、合作金融和商业性金融。欧洲对合作金融的研究已形成了较为完整的理论体系。从第二次世界大战后至 20 世纪 60 年代，西方流行的合作金融理论主要有：市场型合作金融理论、传统型合作金融理论以及整合型合作金融理论。20 世纪 90 年代以来，随着合作金融体系的社会性质逐步淡化，市场型合作金融理论成为目前合作金融理论发展的趋势。近年来，对农村金融组织体系的研究已突破了合作金融的范围，学者们更多地把目光投向农村商业性金融以及各种非正式金融组织。

Cozzarin（1998）创立了农业部门两大契约关系的概念模型（联盟和一体化），从而得出最优化契约和一体化组织形式是比合作金融更重要而且更有效的农村金融组织形式的结论。Graham（1998）研究了贫困国家农村金融互助组织在金融服务、存贷款方面的优点和不足，他肯定了乡村银行集体接待的优点和客户信息收集的优点，但也具有产权不明、规模过小的缺点。在对非正式金融组织的研究方面，Seibel（2001）指出，随着货币经济的膨胀，非正式金融机构进入了农村金融市场，但在规模、延伸和持续性上都受到了限制，他认为应该帮助非正式金融机构改进管理并整合到更广阔的金融市场，提出了是非正式金融正规化的观点。

四、总结和评述

综合以上文献，国内外关于农村金融市场结构以及微型金融、小额信贷理论的研究已经相当成熟，而关于农民资金互助组织，国内文献多集中于对其发展模式、存在问题、运行绩效等的探讨，而综合考虑资金互助组织风险控制机制的研究较少。

而国外大量关于合作金融机构的研究多集中于对合作金融机构规模和效率的探讨上，其研究对象主要为欧美发达国家的合作金融机构。欧美的合作金融机构已处于相对成熟的发展阶段，其经营目标更偏向于商业化。而我国当前资金互助组织的主要功能定位于缓解农村金融信贷配给，定位与发达国家不同，因此，相关研究结果在我国的适用性上需慎重考虑。但国外成熟的合作金融机构治理及运作经验还是值得我们研究和学习的。

第三章　调研方案

一、调查目的及意义

农村合作金融的发展对于我国“社会主义新农村”建设目标的实现具有重要意义。随着农民资金互助合作组织生存环境的不确定性进一步加深，组织规模扩大以及成员异质性导致的治理问题凸显，互助组织面临的风险范围更广，种类不断细化。迫切需要识别出那些对互助组织发育、决策和经营绩效起重要影响的关键风险，为互助组织实施有效的风险管理提供必要的前提和基础。然而，现实中的农村合作金融，尤其是2012年盐城市农村资金互助组织的危机凸显出了农村合作金融发展过程中的风险问题。基于此，课题组成员在江苏省盐城市开展实地调研活动。

二、调研方式及样本选择

（一）调研方式和调研内容

本次调研主要分为农民资金互助合作组织调研和农户调研两个方面。

1. 农民资金互助合作组织调研

本次农民资金互助合作组织调研采取问卷调查和座谈会相结合的形式，通过对资金互助社的负责人进行了随机抽样调查，并通过与当地监管部门的管理者和组织负责人采取座谈会形式对当地农民资金互助合作组织的发育现状和运营情况进行了解，以达到了解农民资金互助社在发育过程中的一系列的情况为目的。我们主要从互助社的内部因素（监督机制、激励机制以及决策机制）和外部因素（宏观政策环境、经济环境以及技术环境）几个方面来定性定量的分析农民资金互助社发育过程中的风险类型和控制方法。从中，我们获得了一定量的数据和互助社管理者对一些问题的看法。

2. 农户调研

本研究采取问卷调查的方式对农户进行随机抽样调查，目的是了解农民资金互助社对农民收入分配的影响。主要从农户借贷需求、借贷情况、贷款用途及贷款对收入增加的影响程度这几个方面来定量分析农民资金互助社对农户家庭收入的作用大小。通过具体的调查分析，我们可以掌握农户资金需求状况、贷款主要用途以及农户对资金互助社的一些看法。

（二）样本选择

1. 农民资金互助合作组织的样本选择

本次调查选取了盐城市的东台县、滨海县和阜宁县几个最具有代表性的区域，从每个县中抽取数个资金互助社代表聚集进行问卷调查和座谈会。实践过程中共发放 25 份问卷，回收问卷 25 份，其中有效问卷为 23 份，有效率为 92%。

2. 农户的样本选择

本次调查地点选择了农民资金互助社发展较为成熟的盐城市。调查选取了盐城市的东台县、滨海县和阜宁县，每个县随机抽取 2~3 个自然村进行入户问卷调查。共发放 100 份问卷，回收问卷 100 份，其中有效问卷为 93 份，有效率为 93%。其中东台县 47 份，滨海县 16 份，阜宁县 30 份。样本分布情况如下（表 3-1）。

表 3-1　农户样本分布情况

地区	样本数	样本村
东台县	47	3
滨海县	16	2
阜宁县	30	3
总样本	93	8

3. 分析方法

本研究将主要使用案例分析、统计分析、回归分析和数理分析等分析方法。案例研究在经济学的研究中占有极为重要的地位。通过案例经济现象和问题进行描述、解释以及探索性的研究，不仅可以为新理论的形成提供基础，同时还有助于我们深入地认识与求证一般性理论在特定情境下的应用范围（张丽华等，2006）。缘于此，作者在研究中广泛运用了案例分析法：通过对苏北盐城农民资金互助组织试点的典型案例分析，对农民资金互助组织的制度改进和创新进行思考和总结。统计分析主要在样本的描述性分析中使用，通过对调研数据的整理归纳，分析农村地区金融市场的概况以及农民资金互助组织的总体运营情况；回归分析主要在实证研究中使用，通过构建风险评价结构模型，对农民资金互助组织风险的影响进行分析，根据实际模拟分析结果，提出相应的规范性建议。

第四章　农民资金互助合作组织的发展绩效及存在的问题

经过10多年的发展，我国农民资金互助合作组织的发展已形成一定规模，运营机制日趋完善，在部分试点地区也取得了一定的成效。尽管如此，我国农民资金互助合作组织的发展仍存在着准入“门槛”较高、融资渠道有限、缺乏行业监管以及受其他形式金融机构的抑制等问题。

一、我国农民资金互助合作组织发展现状、运行机制及绩效

（一）我国农民资金互助合作组织发展现状

2003年11月成立的吉林梨树县闫家村百信农村资金互助社是我国第一家农村资金互助社，在2007年3月经银监会批准正式挂牌成立。互助社产生以后，其模式不断被复制和推广，在吉林、河南、安徽、江苏等地相继出现，2007年10月，银监会正式在全国31省开展试点工作，在全国范围内开展了新型农村资金互助合作组织的实践活动，截至2012年年底，各类农民资金互助合作组织已超过万家。

1. 互助社的规模逐渐壮大

江苏省阜宁县自2007年开展试点以来，截至2013年6月底，全县共发展农民资金互助社22家，共发展社员2.93万，吸收社员股金余额0.23亿元，吸纳互助金余额为2.02亿元，投放互助金余额为1.85亿元，占农民贷款总额的31.6%，累积投放互助金21.56亿元，实现累积0.18亿元。2006年4月，江苏省阜宁县硕集镇农民响应中央一号文件的号召，成立了以资金互助合作为主的富民合作社，截至2009年4月，阜宁县硕集富民合作社共有社员从发起时的

300 人发展到 2 100人，入社股金由 100 多万元发展到 2 500多万元，累计向互助社社员投放资金 2 125万元。

2. 互助社类型的多样化

目前，我国农民资金互助社发育方式呈现多样化的特点，大致可分为 3 种：第一种是经银监会批准的、工商部门登记注册的农民资金互助社。2007 年按照银监会规定转型而成立的吉林省梨树县闫家村百信农村资金互助社就属于这一类型，它是正规的金融机构。第二种是获得了当地政府、工商部门和民政局认可的农民资金互助社。虽然银监会颁布了《农村资金互助社管理暂行规定》，对农民资金互助社的地位和组织形式作出了明确的规定，但由于要求比较严格，许多农民资金互助社很难达到这一标准而转型成为正规的金融机构。例如，江苏省阜宁县东沟信民资金互助社。第三种是由地方政府推动的含有扶贫性质的农民资金互助社，例如，安徽小井庄村社区资金互助社。后两种类型的互助社属于非正规金融机构，尚未纳入政府的监管范围内。

（二）当前我国农民资金需求特征分析

在新农村建设过程中，农村经济社会的发展对农村金融服务需求的日益增加，但是我国现有的金融体系无法满足农村地区对资金的需求，当前我国农民对资金的需求主要表现在生产和生活两方面。由于农民对资金的需求具有季节性强、金额小、期限短等特点，银行对此类贷款的管理成本较高且收益并不明显，所以并不愿意提供贷款。

根据对调研的分析可知，农民对资金需求旺盛，普遍存在生产性或生活性的借贷需求，由于农业生产的特点，农户资金需求存在小额分散性和季节性，所以农户向资金互助社贷款频率较高。贷款主要用于生产性支出，包括常规农业生产和非农产业投资经营。在贷款用途中，用于购买农资的贷款次数最多，占总贷款次数的 40%，用于做生意的则其次，占总次数的 29%。大部分贷款都用于农业再生产或者是非农产业经营。非农产业经营以个体户经营为主，主要集中于零售行业。农业生产则以经济作物种植、养殖以及大户种植为主。

（三）我国农民资金互助合作组织的运行机制

农民资金互助合作组织实行自担风险、互担风险、共担风险的运营机制，所有资金严格投放在农业、农村和农民生产生活等方面。互助社只对社员提供贷款，社员借款实行互助社内部社员担保制，贷款期限一般不超过一年，基本都是小额、短期贷款。由于农业生产的周期长、效益低、风险大等原因，农民很难从商业银行贷款，即使向当地的农信社申请贷款，但也有时间和政策的限制，农民很难在需要资金时及时的得到帮助，互助社的出现在一定程度上解决了这种融资困难的局面。

1. 组织结构

我国现有的农民资金互助社一般由 3 个部分组成，分别为社员代表大会、理事会、监事会。社员代表大会是农民资金互助合作组织的最高权利机构，社员代表由全体社员选举产生，互助社每年至少召开一次社员代表大会，选取董事会、理事会、监事会的成员，实行一人一票制，互助社的重大事务通过全体社员投票表决决定，所有社员共同承担合作社的经营风险，同时也共同享有所有的收益。监事会成员一般不少于 2 人，设有监事长一名，监事会对互助社的日常经营活动进行监督，监事会在互助社中主要起监督功能。理事会设有理事长一名，为互助社的法定代表人，理事会主要对互助社的经营活动进行管理，主要起到执行功能。

2. 股金的构成

根据我国现有的互助社而言，互助社股金一般包括资格股（基础股）、投资股、流动股和国家社会公共股 4 种，但由于各地区政策的不同，有些地区的互助社并不包括国家社会公共股。农民资金互助合作组织只在本镇范围内融资，不接受外来人员的资金，具有明显的区域性特征，其资金主要是来自于本地社员。社员参加互助社时需要交纳一定数量的资金以取得资格股（各地互助社的要求不一），入社之后社员可以继续入股，超过资格股之外的股金算做投资股，一般投资股的期限为一年以上，单个社员的投资比率不可以超过整个互助社全部股份的 10%。互助社的股份分布比较分散，增强了社员之间的制衡能力，有效的预防了一股或几股独大的局面。流动股是指暂时闲置并按约期支付的不满一年的可用资金。流动股需按约期支付，同时也承担经营的风险责任。国家社会公共股是指合作社接受国家或社会组织和个人的无偿资助而形成的权益。

3. 分红制度

对于社员存满一年的股金给予固定分红，流动股不计利息，只参与年终分红，在年底互助社根据一年所得的利润，在提取公积金和风险基金后，提取利润的 25%向所有社员进行二次分红。对于期满一年的互助资金，互助社应根据当年的经营情况向社员支付互助金利息和红利，对提前取出互助金的社员，向其提供互助金利息和部分红利，互助金利息可参考当地银行的存款利息。

4. 贷款流程

互助社贷款流程一般为：①借款人申请；②资格审核；③担保人资产抵押；④理事会审批（监事会监督）；⑤贷款签订；⑥贷款发放（图4-1）。贷款人带上自己的相关证件去互助社申请贷款，填写贷款资料之后，互助社工作人员会对贷款人进行信用考察，并对是否发放贷款提出意见，理事会会对意见进行审核，最后决定是否发放贷款。贷款批准后，贷款人签署互助资金借据、贷款合同，办理相关担保手续后就可以领取所贷资金。

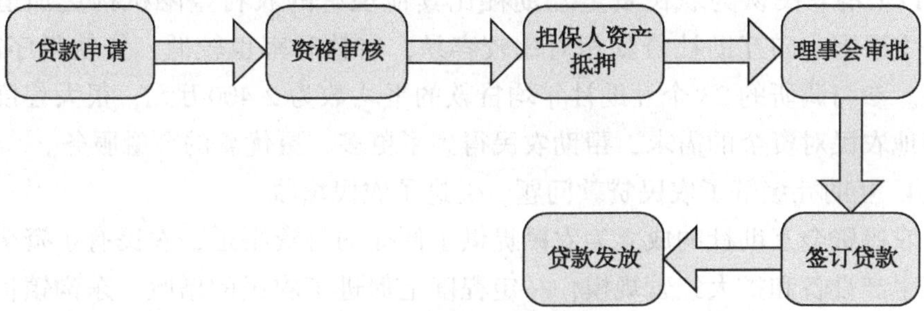

图4-1　互助社贷款流程

（四）农民资金互助合作组织的绩效分析

农民资金互助社具有独特的自身优势：①具有信息上的优势，互助社社员之间彼此熟悉、信息对称，节约了监督和风险管理所带来的成本。②具有效率优势，贷款审定时间短，贷款条件相对宽松，办理业务方便快捷，农民普遍的知识水平不高，对商业银行的贷款流程所知甚少，资金互助社的贷款手续简便，十分适合农民。③具有成本优势，互助社的结构简单，运营成本相对较低，即使互助社的贷款利率较低也能够取得盈利，能够实现互助社长远的发展。

本次调研选择了农民资金互助社发展较为成熟的盐城市，调查选取了盐城市东台县、滨海县和阜宁县，根据对调研数据的分析，我们可以得出以下的一些结论。

1. 调查地区互助社覆盖面广，基本实现了乡镇全覆盖

在盐城市阜宁县、东台市和滨湖县有90%以上的乡镇都设有农民资金互助社，基本覆盖了所有的乡镇，大部分乡镇都设有1个互助社，少数乡镇有2~3个。阜宁县自2007年开展试点以来，截至2013年6月底，全县共发展农民资金互助社22家，实现了镇（区）全覆盖。

2. 农民对互助社接受度高，有较高的参与热情

参与调研的100户农户中有70%以上的农民对资金互助社比较了解，比较熟悉互助社的贷款流程，只有20%的农民对商业金融机构有一定程度上的了解。当地农民有80%以上都参加了农民资金互助社，互助社的普通成员规模主要分布在1 000~3 000人，平均每个互助社有社员1 925人。

3. 互助社针对农民提供服务，服务更加贴近于农民

互助社的成立主要是服务于农民群体，具有较强的针对性，参与调研的90%以上的农民认为农民资金互助社比其他现有的农村金融机构更加适合他们。主要因为向互助社贷款相对比较容易，借款利率也较低，贷款程序简单、便捷。参与调研的23个互助社年均贷款的平均数为2 400万元，很大程度缓解了当地农民对资金的需求，帮助农民得到了更多、更优惠的金融服务。

4. 互助社缓解了农民贷款问题，促进了农民增收

农民资金互助社的成立为农民提供了便捷的融资渠道，农民有了资金可以购买生产设备和扩大经营规模，一定程度上促进了农民的增收。东沟镇信民农民资金互助社2008年底借给社员邱锦珊、邱正彩15万元用于发展30亩蔬菜大棚，今年夏季就净赚4万多元。新沟镇丰庆农民资金互助社社员陈龙海是沙湾村的养殖大户，2008年8月下旬想购买仔猪，缺少资金5万元，合作社派人调查后立即投放5万元，半年后该户仔猪全部育肥出栏，还清合作社所借本金和利息后仍获利3万元。

5. 培养了农民正确的金融意识，促进了农村地区金融文化构建

农民资金互助社是一种互助合作的农村金融机构，它不以盈利为目的，主要是为内部社员提供融资服务，通过集体合作来解决个体的困难。这种互助精神深入人心，培养了农民正确的金融意识，在建设社会主义新农村过程中，通过发展农民资金互助社来培育和弘扬合作文化具有十分重要的现实意义。

二、当前我国农民资金互助合作组织存在的问题

（一）准入“门槛”高，互助社难以实现正规化发展

银监会虽然放宽了农村金融机构准入的条件，降低了准入的“门槛”，但降低后的“门槛”对我国绝大多数农民资金互助合作组织来说依然很高，正规农村资金互助社的设立举步维艰，达不到《农村资金互助社管理暂行规定》的

要求就无法转型为正规的金融机构，它们仍将长期“非法生存”。

（二）融资渠道有限，制约了互助社的资金来源

农民资金互助社以吸收社员存款、接受社会捐赠和向其他银行业金融机构融入资金作为资金来源。但在实际运营中，广大农户以获得贷款为入社动机，缺乏可存资金，加之银监会不允许资金互助社提高存款利率，这就使资金互助社在存款业务上对社员缺乏利益刺激，社员转而选择与互助社利率相当却又相对安全的其他金融机构，致使互助社的内部资金来源不足；而接受社会捐赠具有偶然性和有限性，且一般捐赠金额不会太大；从商业银行融入资金需要政府的相关配套政策支持，迟迟未能出台政策致使无法执行。故此，现行的融资制度使得资金互助社融资渠道不畅通，其有限的资金难以满足农户信贷需求，制约了农民资金互助社的可持续发展。

（三）缺乏行业监管，不利于互助社的长期发展

按照《农村资金互助社管理暂行规定》中的规定，农村资金互助社是指由银监局批准成立，而绝大多数农民资金互助社未经银监部门审批，但其经营范围及业务内容却具有金融业务特征。农工办作为互助社的管理部门并不具备对金融业务的监管能力，而金融监管部门对社团企业法人的监管又缺乏明显法律依据，致使农民资金互助社处于无人监管的真空状态。没有有效的监管措施，互助社作为金融机构将很难维持长期稳健的发展。

（四）受到其他形式金融机构的抑制，发展趋于边缘化

近年来，由于国家政策的巨大推动，新型农村金融机构迅速发展，代表农村商业金融机构的村镇银行发展迅速，而农民自我服务的互助金融组织农民资金互助社存在被边缘化的现象。与资金互助社相比，村镇银行有其自身优势。比如村镇银行有着更加规范的经营管理，有完善的公司治理结构，有较强的风险管理能力；能提供存、贷款业务和票据结算以及银行卡和代理业务等，金融服务范围更广，对农村经济的支持力度更大。村镇银行、贷款公司主要是由银行参股或是银行的全资子公司，从监管上讲，即使村镇银行出现问题，可由持股银行收购或重组，这就很大程度激励了地方监管部门热衷村镇银行。而农民资金互助社完全是民营的，绝大部分管理者不具备专业的金融管理知识，让银监部门非常不放心。

第五章　农民资金互助合作组织发育的风险识别体系构建

一、农民资金互助合作组织可能存在的风险概述

农村资金互助社的互助性和自发性决定了它的经营业务更加贴合农户的需求，与一般商业银行相比，它在农村地区具有较强的生命力，但同时我们也应注意到农村资金互助社在资本聚集能力、发展能力和人员素质方面的不足之处。通过实地调研中与相关政府部门管理人员、组织负责人、参与农户等主体的深度交流，结合我国农村经济社会发展现状，我们将农民资金互助合作组织的风险划分为 3 级，各级风险如表 5-1 所示。

表 5-1　农民资金互助合作组织风险因素

一级风险	二级风险	三级风险
外部风险	信用风险	违约风险
		市场风险
		挤兑风险
	监管风险	监管缺失
		过度干预
	政策风险	国家财政政策变动
		农业结构调整
		农业发展规划

（续表）

一级风险	二级风险	三级风险
内部风险	内部监督风险	日常管理操作风险
		发展定位风险
		决策风险
	资本风险	盈利风险
		流动性风险

（一）信用风险

信用风险是所有经营金融业务的机构面临的首要风险，由于贷款社员违约带来的经济损失的可能性就是农村资金互助社面临的信用风险。在对盐城市的调查中发现，由于互助社社员申请贷款需要有担保人，同时互助社发放贷款时也会对贷款人进行一定的考察，因此较少发生农户不还款的现象，但拖欠、逾期还款的现象还是存在的。

违约风险是信用风险的一个重要类别，目前，我国农村地区的信用意识普遍比较薄弱，信用体系不完善，因此违约风险依旧是农村资金互助社面临的最主要的风险；市场风险是由于农业产业是弱质性产业，生产周期长，受气候等自然条件影响大，收益率低。在对农户贷款用途的调查中发现，社员贷款主要用于农业再生产及非农经营，占总贷款次数的87%，用于生活性用途次数较少，仅占13%。可见农村资金互助社的贷款大部分流入农业或与农业密切相关的领域中去，一旦市场价格变动或遭遇重大自然灾害，投资就有可能血本无归，发生信用风险；挤兑风险，农民资金互助社的资金规模是挤兑风险发生的一个重要原因，2012年12月底，因当地一家担保公司倒闭，盐城射阳县陈洋农民资金互助社遭遇社员挤兑，这家吸纳存款大约4 000万元的合作社，在巨额兑付压力下，在兑付了数百万元资金后，一度宣布停兑。

（二）监管风险

监管风险，适度的监管有利于农村资金互助社的长远发展，过度的监管则会影响农村资金互助社的生命力，制约农村资金互助社的发展。由于农民资金互助社是新型农村金融机构，对其监管还没有多少经验，存在着监管缺失和过度干预的现象。

监管缺失，是指由于金融机构数量多，银监机构的监管能力有限，而带来金融机构在经营管理过程中出现的风险。而互助社的监管责任归属认知也比较混乱。目前，我国农村民间资金互助社大体上可以划分为 3 类：第一类是经银监会批准，并在乡工商所注册的互助社，由银监会负责管理监督，其运作相对比较规范，这样的在全国只有十几家；第二类是国务院扶贫办、财政部在国家级和省级贫困县推行“贫困资金扶助项目”所设立的金融互助组织，由对口的扶贫办、财政部负责管理；第三类是民间自发组织，在民政部门登记，未在银监会注册的，有 1 500家左右。第三类资金互助社由于设立门槛比较低，目前呈现快速增长之势，但监管相对缺位，基本是“民不告，官不究”，急需完善相关监管措施。

过度干预，是指政府特别是地方政府对农民资金互助社进行监管时，对互助社的资金管理、运营模式进行的不合理、不科学干预，有的地区甚至出现强行对互助社多征税款的现象。资金互助社目前归地方政府直接监管，潜在的行政干预风险较大。

（三）政策风险

政策风险主要是指政府的经济金融政策和地方政府的行政行为对资金互助社造成的风险。突出表现在以下几个方面。

一是政府的宏观经济政策，我国政府的宏观经济金融政策具有不连续性，在大环境的影响之下，金融政策很可能会根据经济形势做出较大幅度的调整，易导致新型金融机构的经营不能连续、持续和健康的平稳进行，因此而形成的不良贷款，进而导致风险失控。

二是农业结构调整和农业发展规划，农民资金互助社是基于农民、农业的新型金融机构，任何与农业相关的大方向变动都会导致资金互助社风险结构的变化。

（四）内部监督风险

内部监督风险是本文给互助社内部风险的一大分类，指因互助社内部管理运营制度不完善，缺少监督而导致的一系列风险。

日常管理操作风险，农村资金互助社是专业性的金融机构，其经营管理需要有一批较高素质的人才。现有农村资金互助社的经营管理人员大多基本未从事过相关的金融业务，金融专业知识和实际操作经验严重欠缺，风险管理观念及法律意识相对淡薄，从而易于导致业务操作的不规范。

发展定位风险，发展定位是目前我国农民资金互助社发展过程中出现的主要问题之一，互助社发展初期由于适应当地农业生产、农民生活需要，都取得了迅速的发展，但由于管理者的专业知识、技能缺失等问题的存在，导致一部分互助社出现了随意吸收社员，盲目扩大规模的现象，偏离了互助社建立初期以农民为主体的定位。2012 年 10 月下旬，连云港市灌南县 4 家农民资金互助社的 1. 1 亿元存款被挪用、涉及 2 500多名储户，导致 4 家合作社无法正常兑付农民存款。后经调查显示，这 4 家合作社均系非法吸储，资金“高进”更“高出”，合作社存款年利息达 15%，贷款收取近 50%的年息。原本只能放贷给农村社员并用于农业生产的农民资金互助社，却成了打着农民资金互助社的幌子高息吸储、高息放贷的“山寨银行”，本应服务“三农”的资金互助社成了农村资金的“抽水机”。

决策风险，目前，资金互助社的决策权大多集中于一人或几人手中，尽管大多数组织均设立理事会和监事会，但较少组织制定规范的理事和监事制度，少数即使制定了相关制度，但制度制定的也不够科学和严谨且在组织实际运营过程中也并未严格执行。此外，调查中发现，盐城市的 125 家互助社中，有近 50%的资金互助社没有设立相应的激励机制，与普通社员相比，管理者具有较强的经营能力，承担了更多的风险责任，却不能获得更多的剩余分配。剩余索取权和控制权的不对等使得他们很难有持久的热情去关心互助社的发展。

（五）资本风险

资本风险是指在互助社的经营中，因各种问题而出现的流动性资金不足或无法盈利等问题。

盈利风险指资金互助社因经营不善或利率限制等因素面临的盈利能力不足的风险；流动性风险，农民资金互助社的流动性风险是指农村资金互助社掌握的流动性资产数量不足以满足支付，而出现清偿能力不足的可能性。

二、农民资金互助合作组织的风险识别体系构建

（一）风险评价结构模型的构建

本研究的互助社风险识别的方法是调查问卷，然后运用层次分析法确定各

风险的权重。根据层次分析法的原理，以及前文中农民资金互助社的风险分类，得出一个层次分析的评价结构模型（图 5-1）。

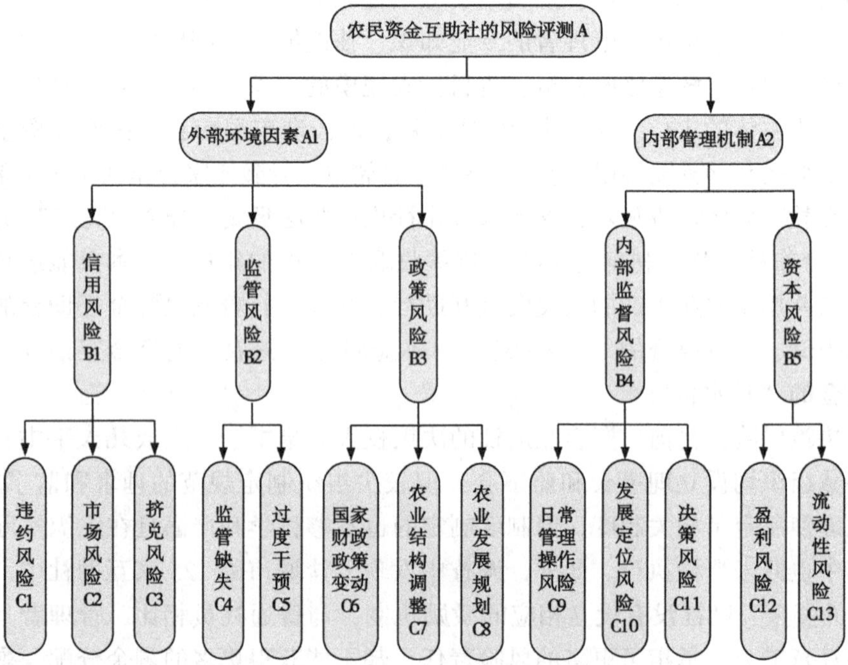

图 5-1　农民资金互助社风险评价结构模型

（二）建立判断矩阵

建立财务风险评价结构模型后，根据模型设定问卷细则，从模型的准则层开始，对同一层次各元素关于上一层次中某一准则的重要性进行两两比较，直到因子层，最后确定各风险要素在该层中相对于某一准则所占的比重，即把每一个风险要素对上层某一目标的影响程度进行排序。模型中，准则层包含 2 个因素，要比较两因素对目标层 A 相对重要性大小，用 α_{ij} 表示准则层中第 i 个因素相对于第 j 个因素的比较结果（例如 α_{12} 代表外部环境因素 A1 与内部运营机制 A2 对目标层的相对重要性大小）。运用 Saaty 教授提出的 1~9 标量化表，根据多位专家对企业财务风险各有关要素权重的评估，并进行加权后，可以得到判断矩阵：

$$A=(\alpha_{ij})_{3\times3}=\begin{bmatrix}\alpha_{11} & \alpha_{12}\\ \alpha_{21} & \alpha_{22}\end{bmatrix}=\begin{bmatrix}1 & 1/3\\ 3 & 1\end{bmatrix}$$

类似的，可得

$$A1=\begin{bmatrix} b_{11} & b_{12} & b_{13} \\ b_{21} & b_{22} & b_{23} \\ b_{31} & b_{32} & b_{33} \end{bmatrix},\ A2=\begin{bmatrix} b_{44} & b_{45} \\ b_{54} & b_{55} \end{bmatrix}$$

$$B1=\begin{bmatrix} c_{11} & c_{12} & c_{13} \\ c_{21} & c_{22} & c_{23} \\ c_{31} & c_{32} & c_{33} \end{bmatrix},\ B2=\begin{bmatrix} c_{44} & c_{45} \\ c_{54} & c_{55} \end{bmatrix},\ B3=\begin{bmatrix} c_{66} & c_{67} & c_{68} \\ c_{76} & c_{77} & c_{78} \\ c_{86} & c_{87} & c_{88} \end{bmatrix}$$

$$B4=\begin{bmatrix} c_{99} & c_{910} & c_{911} \\ c_{109} & c_{1010} & c_{1011} \\ c_{119} & c_{1110} & c_{1111} \end{bmatrix},\ B5=\begin{bmatrix} c_{1212} & c_{1213} \\ c_{1312} & c_{1313} \end{bmatrix}$$

从而得出二级风险指标 B1、B2、B3 对一级指标 A1 的相对重要性，B4、B5 对 A2 的相对重要性；以及三级指标 C1、C2、C3 对二级指标 B1 的相对重要性，C4、C5 对 B2，C6、C7、C8 对 B3，C9、C10、C11 对 B4，C12、C13 对 B5 的相对重要性。

层次分析法计算涉及大量矩阵计算，且繁琐复杂。为使计算简便快捷，运用 AHP 专用软件 yaahp 进行计算。

（三）一致性检验

一致性检验为层次分析法的最后一个步骤，通过一次性检验，即可以依据总排序权重结果来判断风险因素对目标层的影响大小。

检验公式：

$$CR=CI/RI,\ CI=(\lambda_{max}-n)/(n-1)$$

其中，λ_{max}为判断矩阵最大特征值，当 CR<0. 1 时，视为通过一致性检验。

经过软件 yaahp 计算可得，

对于判断矩阵 A1，$\lambda_{max}=3.074\ 9$，CR=0. 072 0<0. 1，通过一致性检验；

判断矩阵 A2，$\lambda_{max}=2.000\ 0$，CR=0. 000 0<0. 1，通过一致性检验；

判断矩阵 B1，$\lambda_{max}=3.086\ 9$，CR=0. 083 6<0. 1，通过一致性检验；

判断矩阵 B2，$\lambda_{max}=2.000\ 0$，CR=0. 000 0<0. 1，通过一致性检验；

判断矩阵 B3，$\lambda_{max}=3.000\ 0$，CR=0. 000 0<0. 1，通过一致性检验；

判断矩阵 B4，$\lambda_{max}=3.001\ 5$，CR=0. 001 5<0. 1，通过一致性检验；

判断矩阵 B5，$\lambda_{max}=2.000\ 0$，CR=0. 000 0<0. 1，通过一致性检验。

（四）结果分析

确定判断矩阵皆具有一致性，即可计算出风险因素 C1～C13 对资金互助社风险评价 A 的影响权重（表 5-2，图 5-2），经软件计算可知。

表 5-2　各风险因素的权重

风险因素	权重	风险因素	权重
违约风险 C1	0.009 9	农业发展规划 C8	0.003 8
市场风险 C2	0.004 5	日常管理操作风险 C9	0.266 2
挤兑风险 C3	0.028 6	发展定位风险 C10	0.192 0
监管缺失 C4	0.150 6	决策风险 C11	0.184 6
过度干预 C5	0.037 7	盈利风险 C12	0.089 3
国家财政政策变动 C6	0.011 3	流动性风险 C13	0.017 9
农业结构调整 C7	0.003 8		

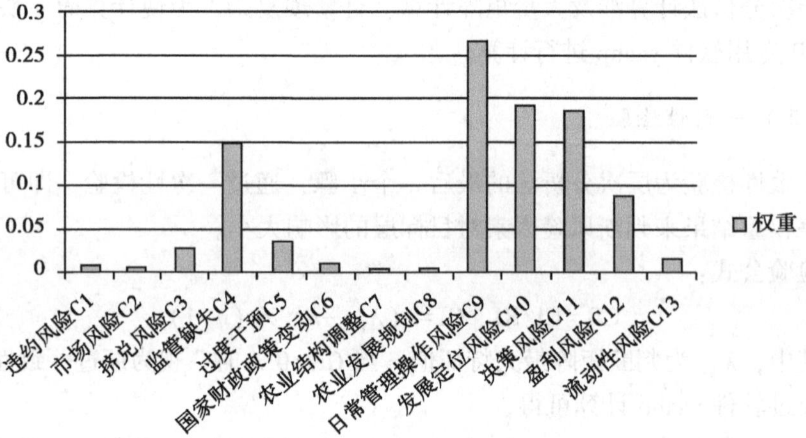

图 5-2　各风险因素的权重比较

可以得到 C1～C13 分别对总目标 A 的影响权重确定各风险因素对资金互助社风险的影响大小。

由此可以得到一个结论：各类风险对资金互助社的影响不同，其中，日常管理操作风险、发展定位风险、决策风险对资金互助社的影响最大，农业结构调整、农业发展规划对资金互助社的影响因素最小。

三、农民资金互助合作组织的风险评价

农民资金互助合作组织的风险可以根据分类方法的不同而发生改变。前文中因问卷设计等因素的限制，我们根据风险因素是否来源于互助社内部分类。而为了更好的分析互助社的风险指标，构建风险防控体系，我们按照系统性风险和非系统性风险进行分类。

系统性风险是指由于经济主体外部、不为其所预计和控制的因素造成的风险。通常是因国家、地区性因素导致的社会现象，宏观经济调控的大变动等。表5-2中的财政政策变动、农业结构调整、农业发展规划、市场风险、挤兑风险、监管风险等都属于系统性风险。

非系统性金融风险是指由于某种特殊因素的变化对金融业中的某一银行或某一金融机构在金融业务经营过程中造成资金资产损失可能性的个体性风险。它只存在于相对独立的范围，或者是个别行业中，它来自机构内部的微观因素。表5-2中的发展定位风险、日常管理操作风险、决策风险、盈利风险、流动性风险以及违约风险都属于非系统性风险。

（一）当前系统性风险与非系统性风险并存，但有效规避非系统性风险更迫切

系统性风险通常表现为国家、地区性战争或骚乱，全球性或区域性的石油恐慌，国民经济严重衰退或不景气，国家出台不利于公司的宏观经济调控的法律法规，中央银行调整利率等。这些因素单个或综合发生，导致所有商品价格波动剧烈、人心动荡，它断裂层大，涉及面广，人们根本无法事先采取某针对性措施予以规避或利用，即使分散投资也丝毫不能改变降低其风险，表5-2中政策风险中的财政政策变动、农业结构调整、农业发展规划，信用风险中的市场风险、监管风险等都属于系统性风险。

非系统性金融风险产生于某一主体或某一行业的独特事件，如破产、违约等，与整个信贷市场不发生系统性的联系，这是总的投资风险中除了系统风险外的偶发性风险，或称残余风险。

当前系统性风险和非系统性风险并存且同样重要，但对于农民资金互助社来说，系统性风险所涉及的方面较广，其风险规避还有待研究。而对非系统性风险而言，由于资金互助社多为民间自发创建产生，又因监管缺失，从而缺少规范的管理运营模式，其风险较高，规避其风险也更为迫切。

（二）监管风险是目前最紧要的系统性风险

系统性风险对于农民资金互助社本身而言是无法避免的，但对于政府而言却可以通过政策的制定为资金互助社尽量降低风险。从表 5-2 中可以看出，相对于其他系统性风险而言，监管缺失 C4 所占的权重最高（图 5-3），面对涌现出的越来越多的农民资金互助组织，现有的银监会监管人员数量显然不能保证完善的监管，且由于互助社类型不同而导致各部门责任混乱，使得监管缺失成为目前最紧急的系统性风险。

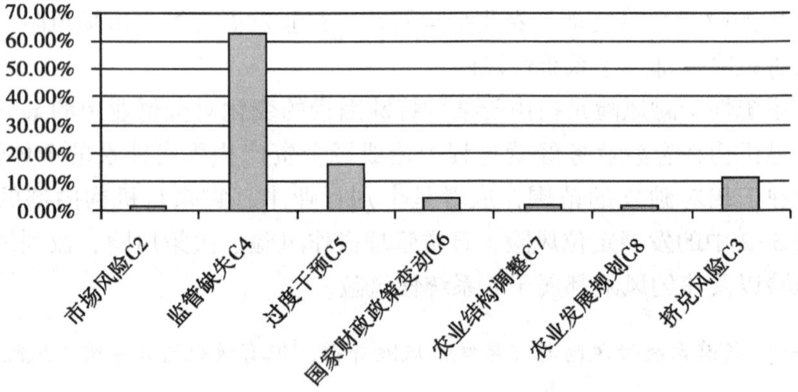

图 5-3　系统性风险中各风险权重比例

（三）对资金互助社本身来说，非系统性风险比系统性风险更重要

对非系统性风险进行研究发现，日常管理操作风险 C9、发展定位风险 C10 明显高于其他风险，可见这两项对农民资金互助合作组织整体的影响高于其他风险（图 5-4）。

资金互助社是设立于农村的基层金融机构，内部人员也基本由农户担任，相应的管理、金融、财务人才非常稀缺，即使互助社的决策者也多为资金大户、村干部等担任，相应的专业知识也很匮乏；互助社内部人员多为农民，对财务会计知识鲜有涉猎，日常操作中不可避免会出现一些操作失误。而农民资金互助合作组织作为一个金融机构，增加资金，扩大规模的发展倾向是不可避免的，目前，不少资金互助社也都出现了盲目扩大规模的现象。但是农民资金互助社在设立之初确定的发展定位就是服务于农民，根植于农村，盲目的扩大

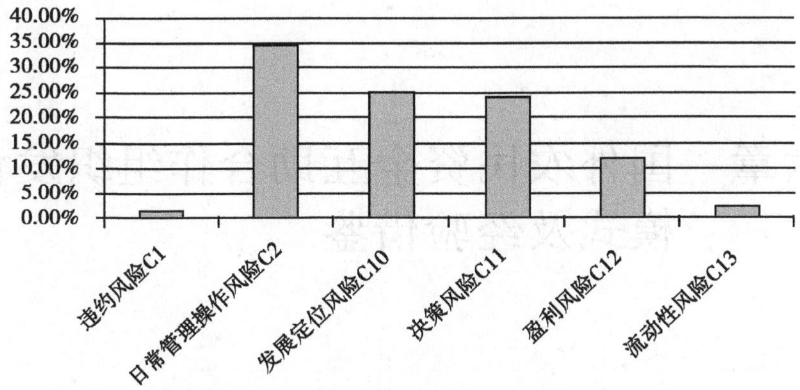

图 5-4　非系统性风险中各风险权重比例

规模，不仅与定位相冲突，还会扩大互助社的风险。这些风险就需要农民资金互助社本身进行积极应对，制定相应的操作规章制度，加强内部工作人员及管理者培训，从根本上降低农民资金互助社的风险。

第六章　国外农民资金互助合作组织发育模式及经验借鉴

一、国外农民资金互助合作组织发育模式总结

农村合作金融发源于德国，随后在世界各地发展开来，经历了100多年的发展，世界各国的合作金融组织都形成了各自比较完整的体系，现在已成为了各国金融体系的重要组成部分。国外几种具有代表性的合作金融组织有许多相似之处，但各国又根据自己的国情作出了许多创新（表6-1）。

表6-1　国外几种合作金融组织发展模式的比较

	德国	美国	法国	日本
起源	19世纪50年代，雷发撰创立了农村信用合作社，金融合作组织开始萌芽	1916年，美国政府通过农业贷款法，出资开始建立农业金融组织	19世纪后期，政府在民间自发组织的合作金融基础上改建为新型金融合作银行	1947年，政府根据《农业协调组合法》成立农协后，开始组建农村金融合作组织
发展模式	单元金字塔式	多元复合型式	半官半民式	协同组合式
组织结构	只有一个合作金融组织，由中央合作银行、地区合作银行、基层合作银行组成	由3类相互独立的银行系统组成，每个系统又又多家组织构成	中央合作银行机构、地区合作银行和地方农业信贷互助银行	由农林中央金库、信用农业协同组和联合会和基层农协组成，是农协的一个子系统
各级机构之间的关系	三级合作银行相互独立，只有经济关系，无行政隶属关系	每一个系统每一个级别的组织都相互独立，只有经济关系	各级机构之间既有行政隶属关系又有经济往来关系	各机构都是独立的法人，每一级之间只存在经济关系，无行政隶属关系

（续表）

	德国	美国	法国	日本
资金来源	最底层由农民、农场主和企业入股，中间层由基层合作银行入股，最高层由地区合作银行入股，政府参股	由政府出资，发行债券、票据和向其他金融机构融资，再将股权出售给合作社和农户	中央银行由政府出资，各金融机构、社会团体和企业出资，地区和基层合作银行由社员入股	早期政府入股，现已将股权出售，基层农协和信农联向中央金库入股，基层农协由农户、居民入股
监督管理机构	由合作审计协会监督，中央合作银行进行监管	由农业信贷管理局监管，是政府机构	由法国农业信贷银行总行监管，是政府机构	由大藏省进行管理，是政府机构

（一）以德国为代表的单元金字塔模式

德国是最早使用合作制金融的国家，德国政府早期无法通过商业银行体系对农业经济建设提供大量的资金支持，于是农民、农场主和小生产者就自发通过合作互助的形式来相互解决资金短缺问题。经过160多年的发展，德国形成了金字塔型单元制的农村金融组织模式，构建了比较完整的农村合作金融体系，对德国经济的发展起到了积极的推进作用。

德国的合作金融组织分为3个层次（图6-1），最高层是德意志合作银行即中央合作银行，是合作金融组织的最高机构，它由地区合作银行入股组成，政府最多可参股25%，它的主要职能是协调全国合作金融组织的业务关系，办理全国合作银行间的转账结算和地区合作银行之间的资金调剂，对地区合作银行发放贷款并提供担保和业务咨询，只有履行金融服务职能，没有行政管理的职能。中间层是地区性合作银行，其主要职能是为资金短缺的基层合作银行提供资金并保存基层银行上交的存款准备金，协调基层合作银行与中央合作银行的业务关系。最底层是基层合作银行，主要从事信贷、证券业务等，资金来源于农户和基层居民。每个层次的组织机构均为自主经营的独立法人，体现出自下而上逐级入股、自上而下分工服务的组织结构特点。

德国合作银行体系是欧洲最大的合作银行体系，德国合作银行全系统的总资产为16 593亿马克，占德国银行资产的20%以上，个人储蓄存款余额的市场份额为30%。

（二）以美国为代表多元复合模式

美国的合作金融是在20世纪初经济大萧条时期兴起的，由于经济大萧条

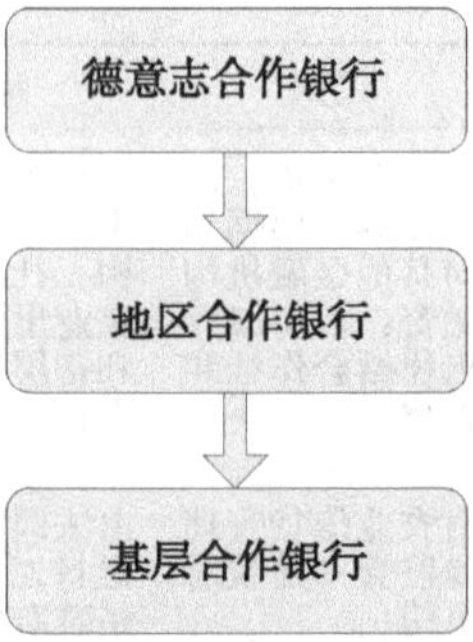

图 6-1 德国合作金融组织体系

的原因，社会中下层老百姓很难从银行取得贷款来继续生活，在政府的号召下，根据“自愿、平等、互利”的原则在社区内建立了合作性质的信用社，为社员提供资金上的帮助。美国合作金融组织的发展与美国政府的大力支持是分不开的，它不是自发成长的，带有点政府干预的色彩。

美国的合作金融制度是典型的多元复合模式，由几种经营范围不同金融组织组成，它们之间既独立运行又相互补充，各系统内部又由多级组织构成（图 6-2）。美国合作金融体系是由联邦土地银行、中期信贷银行和合作社银行组成，这些组织都受农业信贷管理局的管理和监督。美国共有 12 个信贷区，每个区设立一个联邦土地银行，联邦土地银行设有下属信用社。联邦土地银行主要对农场主提供长期不动产的贷款抵押业务，贷款金额期限为 5~40 年。联邦中期信贷银行主要由中期信贷银行、生产信贷协会和生产信用合作社以及其他机构组成，联邦中期信贷银行只对生产信用合作社发放贷款，由生产信用合作社向农场主提供中短期贷款，贷款对象只针对合作社成员，贷款期限一般为 1~7 年。合作社银行是由中央合作银行和 12 家合作银行及下属农业合作社组成，是专门对农业合作社提供所需贷款的金融机构，为合作社购买设备、购入商品而提供资金。中央合作银行主要是发放地区银行不能发放的、跨区域的大额贷款。

目前，美国信用社资产总额 4 110 亿美元，各项存款 3 600 亿美元，各项贷款 2 530 亿美元，资本充足率平均在 11.5%以上，美国信用社成员约有 7 800 万人，约占美国人口的 33%。

（三）以法国为代表的半官半民模式

法国的合作金融组织起源于 19 世纪后期，在政府的全力支持之下形成了

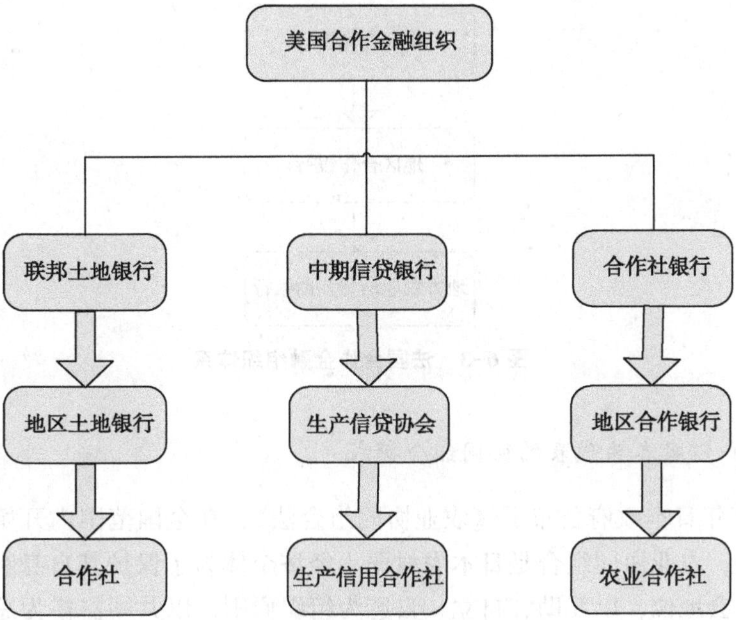

图 6-2　美国合作金融组织体系

组织类型比较全面和服务范围广泛的合作金融组织，大致可以分为农业信贷互助组织、信贷互助组织、合作信贷组织、渔业信贷组织和大众银行这几类，其中农业信贷互助组织在法国合作金融体系中占有比例最高，规模最大。

农业信贷互助银行是三级法人结构，分别包括了中央合作银行机构、地区合作银行和地方农业信贷互助银行（图 6-3），法国合作金融具有典型的上级官办下级民办的特点。中央合作银行为完全独立的官方行政机构，是全国农业信贷银行的最高管理机关和法人代表，受农业部和财政部的领导和监督，它的主要职责是对整个农业信贷系统进行管理和协调，总行的资金来自于政府拨款、中央银行和社会团体的资助。地区合作银行属于中间层，由地方信贷互助银行入股组成，它受到中央合作银行的监督和管理，同时也对地方农业信贷互助银行进行管理。地方信贷互助银行属于基层合作组织，它主要由社员入股组成，办理各种金融业务。

法国农业信贷银行已发展成为面向农村的全能性银行，跻身世界大银行的排列，2008 年总资产为 17 840 亿欧元，存款市场份额为 24%，贷款市场份额为 22%，银行网点为 11 850，客户数量为 5 800 万。

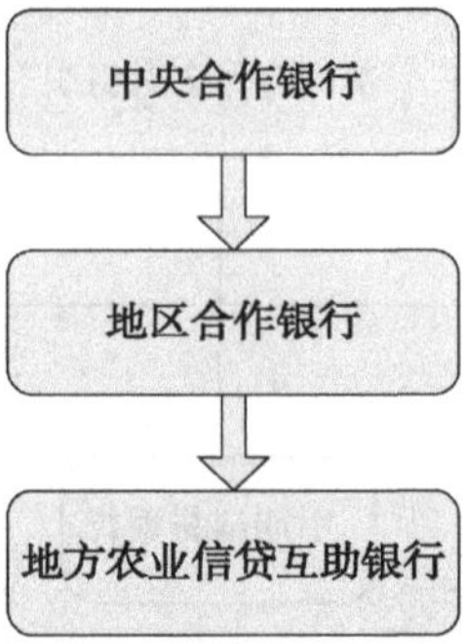

图 6-3　法国合作金融组织体系

（四）以日本为代表的协同组合模式

1947 年日本政府公布了《农业协同组合法》，在全国范围内开始组建农业协同组合，农业协同组合是日本农村弱小经济个体为了保护其自身利益，提高其经济社会地位，以互助、自立、自愿为组织原则，以共同富裕为总目标而建立的农民合作经济组织。在借鉴了欧美等国家先进的思想和成功经验的基础上，并结合本国的实际情况，经过数年的改革之后，成功构建了独特高效的农村合作金融体系。

日本农业金融合作组织是农协的一个子系统，同时，又是具有独立融资功能的金融机构。日本的农村合作金融体系分为 3 个层次，中央的农林中央金库和全国信联协会，都、道、府、县的信用联合会，基层农协的信用组织，基层和中间层次根据服务行业又分为农、林、渔 3 种不同的信用协同组合联合会（图 6-4）。农林中央金库为最高层次机构，主要是调节全国的农协社的资金运作，向信农协提供信息咨询并支持其开展信贷业务，其资金主要来源于信农联上存资金和经国家批准发行的农村债券。信用农业协同组和联合会是中间层次机构主要是调节基层农协与农林中央金库的关系，对基层农协提供信息咨询和资金上的支持，资金主要来源于基层农协上存的资金。基层农协为最低层次机构，由农户及其他居民和团体入股组成，一般以市、町、村为单位，它直接对农户进行信贷业务。

目前，日本基层农协的金融机构有 4 500 多个，2010 年，日本基层农协吸收的储蓄约 875 401 亿日元，贷款余额为 240 350 亿日元，农村合作金融机构在涉农贷款的比率为 78.1%。

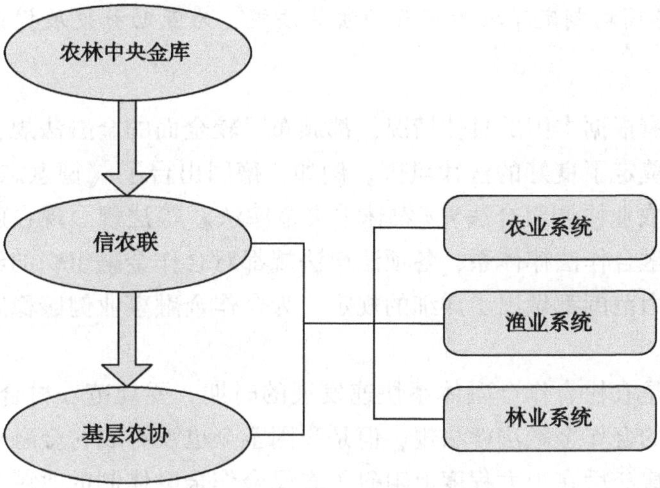

图 6-4　日本合作金融组织体系

二、对我国的经验借鉴

（一）政府在组织发育过程中扮演重要角色，在组织成立初期的扶持力度较强

在各国的农村经济发展过程中，合作金融组织都起到了无法替代的作用，外国政府设置了专门的管理机构，在财政和税收方面给予了大力支持。例如法国政府在农业信贷互助组织建立的初期就直接入股和参与管理，农业信贷互助组织在政府的直接帮助下逐渐成长和完善起来。

培育和发展农民资金互助合作组织不仅要依靠市场机制，更需要政府的扶持和诱导。当前我国的农民资金互助合作组织正在不断的改革和完善，政府要减少多的行政干预，为互助社的发展营造一个宽松的环境。在市场准入方面，银监会应尽可能降低“门槛”和简化审批手续和过程，在一些民办合作组织转化为正规金融机构的过程中，政府没有给予应有的支持和帮助，反而设置了些障碍阻碍了它们的发展。在资金投入和税收方面，实行税收优惠政策，根据当地的经济的发展情况对农民资金互助合作组织适当减免所得税和营业税，在一些互助组织成立的前期，政府可以注入资金对其进行扶持，当互助组织经营走上正轨之后，再将股权出售给社员收回资金。

（二）各国均制定了较为完善的法律法规，为互助社发展提供全面的制度保障

各国政府根据本国的具体情况，都颁布了较全面的金融法规，为农村金融组织的发展奠定了良好的法律氛围。例如，德国出台了《德意志银行法》，日本出台了《农业协调组合法》《农林中央金库法》等法规，现在已经形成了健全的农村金融合作法律体系，各项法律法规都对合作金融组织的经营范围、监管范围和权力范围都做出了详细的规定，为合作金融事业健康稳定的发展提供了法律保障。

近几年是农村合作金融体系快速发展的时期，要规范农村合作金融事业，必须有完备的合作金融法律法规，但是我国至今也没有农村金融合作法律的出台，这种法律滞后在很大程度上阻碍了农民合作金融体制的改革与发展，这就使得我国现有的合作金融机构在维护自身利益、业务经营方面无法可依，我国应该加快合作金融立法工作，尽快出台《合作金融法规》，明确农村金融组织的成立条件、业务范围、管理体制、职责权利和义务，确保农村金融组织在维护自身利益和业务经营方面做到有法可依。

（三）政府建设全面的组织体系，促进互助社长期稳健发展

各国的农村合作金融组织基本上采用中央、地区、基层三级机构体系，合作金融组织自上而下的控股，即基层金融互助组织向地区金融组织入股，地区合作金融组织向中央合作金融组织入股，对于中央合作金融组织政府一般都会提供资金上的支持，这样能够保证合作金融组织的长期稳定的发展。

现有的农民资金互助合作组织，虽然部分解决了小范围、小额度的资金需求，但是对于大范围内的资金调动根本无法解决。可以建立中央级别的资金互助社，协调全国的农民资金互助合作组织之间的业务，为省级互助组织提供信息咨询和资金保障。在各省建立下一级别的资金互助社，对基层的互助社进行管理，省级互助社不是中央互助社的分行，基层互助社不是省级互助社的分行，三者之间拥有独立的经营自主权，建立这种三级法人制的合作组织既利于发挥整体功能，又能提高市场竞争能力。

（四）建立合理的法人治理结构，全面发挥法人代表制度的职能

各国的农村金融合作组织基本上都采取多级法人制度，各级合作金融组织

作为独立的法人，完全受控于社员和股东，合作金融组织的最高权利机构为社员代表大会，社员直接参与组织的管理，并承担相应的责任和义务。

我国农民资金互助合作组织法人治理结构不尽合理，大部分合作组织都没用设立明确的法人治理结构，缺乏健全的社员代表大会制度，每年召开一次的社员代表大会都是形式化，社员普遍有“搭便车”的心理，对合作组织的发展问题漠不关心，导致代表大会的职能不能得到有效的发挥，为了使其法人治理结构的功能真正发挥作用，应对“三会”（社员代表大会、理事会、监事会）职能、议事程序、成员的职责和义务作出明确规定，杜绝“三会”流于形式的情况发生。积极引导社员参加管理，坚持实行一人一票制，建立起真正能代表广大社员利益的“三会”制度。

第七章　农民资金互助合作组织的风险防控与发展策略

目前，我国的农民资金互助合作组织发展普遍还很不成熟，存在的问题还很多，概括起来，主要包括以下几个问题：一是已成立的农民资金互助合作组织资金普遍规模都太小，大部分都是几万元的规模，只有少数资金互助合作组织具有几十万元互助资金，上百万元规模的资金互助组织凤毛麟角。由于资金规模小，业务量必然有限，与农民的实际需求还有很大差距。二是制度、管理层面上还有诸多待完善的地方。大部分农民资金互助合作组织都是借鉴复制已成熟的资金互助社经验，由于各地方经济发展环境、农民素质不同，那么是否规章制度严格执行和操作风险的规避问题就应引起我们的重视。我们在农民资金互助合作组织的调查中，已经发现一些资金互助组织内部管理混乱、有章不循、合作性不强，内部人控制已露苗头，极有可能像当年的农村信用合作社一样发生异化。三是农民资金互助合作组织的外部生存环境依然不佳。虽然银监会放宽了农村金融机构准入的条件，降低了准入的“门槛”，但降低后的“门槛”对我国农村现存的绝大多数农民资金互助合作组织来说依然很高，达不到《农村资金互助社管理暂行规定》的要求，它们仍将长期“非法生存”。一些地方政府和基层干部对农民互助合作的意义认识不足，不能正确处理“官民关系”；在我们调查走访过程中，有些基层干部质疑：“农民们都合作起来、自我服务、自我管理，还要我们干什么？”种种情况显示，对农民资金互助合作组织风险防控和发展提出了更高的要求。

一、农民资金互助合作组织的风险防控策略

农民资金互助社是农民在生产经营活动中自发形成的一种资金互助合作形

式，虽然目前已经由政府认可并在一定的地区进行试验推广，但从总体上看仍处在初步发展阶段。国内外农村信用合作社、小额信贷等农村金融机构发展历程表明，农民资金互助社最终的成败取决于风险控制是否成功，而风险控制是否成功取决于是否建立和健全了一套风险防范机制。根据前文的风险划分，限制系统性风险，降低或消除非系统性风险，是建立风险防范体系的中心问题。对于非系统风险而言，资金互助社本身对于防控的掌握能力不足，政府可出台相应的《风险防控管理办法》，帮助其防控风险（表 7-1）。

表 7-1 风险防控体系

风险类别	风险防控措施
系统性风险	增强监管 构建保险体系
非系统性风险	严格社员准入机制 管理运营机制商业化 健全内部治理机制

（一）明确农民资金互助合作组织的责任归属，加强监管力度

互助社的 3 种类型使得各部门对互助社的责任归属不明确，即存在相互推诿责任，又存在重复管理的现象，这对于资金互助社的监管及风险控制有着极其不利的影响。对于资金互助社这一新型金融机构，银监会的人员限制使得其不可能对每一家资金互助社进行监管，因此，地方政府应该发挥主要作用，对各类型（尤其是自发组建、没有相应管理规范的资金互助社）的资金互助社进行监管。

（二）建立完善的风险转移机制，完善农业保险体系

农民资金互助社社员从互助社贷款的主要用途是进行农业生产，而受土地、气候的影响，往往一个地区的农业生产项目大多相同，因此，易因干旱、霜冻、洪涝或其他原因而导致农产品大量减产，从而使得在同一时间段内出现大量社员无力偿还贷款的现象。为转移此类风险，可鼓励农户购买天气保险，对于无力购买保险的低收入农户，可由互助社为担保，集体购买保险。同时，鼓励农户发展多种经营，降低损失。对于互助社方面，发放贷款的时可以注意农户的贷款用途，尽量避免资金大量涌入同一产业，同时，与正规金融机构合

作，提高自身的风险承受能力。

从国外的合作金融发展模式可以看出，完善的农村金融、保险制度可以对农民资金互助合作组织的发展起到良好的促进作用。从前文中分析可知日本的农业发展模式与我国有许多相似之处，因此，可以借鉴日本的农业保险模式，建立存款保险制度以及农业信用保证保险制度等，完善我国的农业保险体系。

（三）健全社员筛选机制，有限制地扩容社员规模

互助社的社员准入是风险防控的第一关，不能为扩大规模而盲目的接纳社员，还要进行较为细致的筛选，有限制的扩容互助社社员规模。实践证明，建立在血缘、人缘和地缘关系基础上的社员筛选机制是信用合作社、小额信贷机构等成功的基础。这是因为在一定的社区范围内，贷款人对借款人的还款能力和还款意愿都有清楚的了解，这就解决了融资过程中信息不对称的问题。同时，在社区范围内违约的结果是违约者声誉的损失，这种损失会影响当事人以及与其相关的其他人的社会生存环境和质量，甚至还可能影响到后代，往往有着极大的威慑力。一个有效的社员筛选机制意味着能够通过社员的自我筛选和组合，将不符合条件的借款人排除在外，并通过有效的监督和及时的沟通，及时将社员中不能按期偿还借款的成员淘汰出局，从而建立起社员之间的信用基础。

（四）建立商业化的管理运营机制，加强系统内人员培训

资金互助社一般由农户自身参与管理，不规范的管理运营机制会大大增加操作风险。而运营的可持续性一直以来是困扰合作金融机构、小额信贷机构和其他农村金融组织的一大难题。尽管在合作金融的非盈利性和商业化运营之间存在两难的矛盾，但国内外合作金融机构、小额信贷机构和其他农村金融组织的发展经验表明，商业化运营机制的建立是农村资金互助社实现资金可持续性的根本途径。

农村资金互助社是由农户自发组织形成，实行社员自我管理，但由于社员本身对金融服务业务了解较为有限，在办理相关业务过程中容易出现不规范操作。同时由于管理者的文化程度有限，随着资金互助社的发展，相应的金融知识的缺失，易引发定位不准确，盲目扩大规模等行为。为此在互助社社员人数不断增加，资金规模不断扩大的同时，需要注意对内部管理者和从业人员的培训教育，包括对管理人员的思想开拓以及从业人员的具体业务的指导和职业操

守的培训。对互助社管理人员定期进行思想开拓教育，一方面可以保证资金互助社始终定位于农民本身，另一方面可以为管理人员提供各种新的信息、资源，加快资金互助社的发展。加强对从业人员的培训教育，一方面可以提高专业技能，进而完善财会制度、明晰管理流程，加强内控制度建设；另一方面可以培养从业人员的职业道德，从而降低农民资金互助社的操作风险。

（五）建立健全内部治理和决策监督机制，降低个人在决策中的主导权

从前文风险分析中可以看出，在专家和学者之间有个定性的认识是目前农民资金互助合作组织的非系统性风险大于系统性风险，而内部监督风险又在非系统性风险中最有影响。在前期调研中也可以看出，农民资金互助合作组织内部管理的相关制度有待完善，尽管大多数组织均设立理事会和监事会，但较少组织制定规范的理事和监事制度，少数即使制定了相关制度，但制度制定的也不够科学和严谨，且在组织实际运营过程中也并未严格执行。

决策监督机制关系到资金互助社的发展，如果没有良好的监督机制，管理者在决策过程中容易因自身与互助社之间的利益冲突而导致决策失误，同时有互助社出现盲目扩大规模的现象也是监督缺失的表现。为此要建立健全农村资金互助社的内部治理和决策机制，降低个人在决策中的主导权，力争使每一位社员都能影响互助社的发展。

（六）建立良好的奖惩机制，提高内部人员工作热情

奖惩机制的建立可以分为两个方面，对贷款者的利率优惠政策以及对内部工作人员和管理者的奖惩政策。在小额信贷实践中，小额信贷机构通常首先向低收入者提供小额的贷款，当他们的还款率很好时，再提供较大数额的贷款，否则就停止贷款。这种由借款人信用表现决定后续贷款的方式，构成了对守信者的激励和违约者的约束。此种激励方式可以很好的适用在资金互助社的社员贷款当中，对连续贷款均能按时还款的社员，可适当降低其贷款利率。

同时对于互助社内部管理者及工作人员，也应设立相应的激励措施。互助社管理者与普通社员相比，具有较强的经营能力，承担了更多的风险责任，理应获得更多的剩余分配；而对于工作人员其本身也有一定的贷款需求，可以对工作人员贷款给予一定的利率优惠，同时可由社员投票选出工作态度良好，工作成果优异的人员年底分红时给予一定奖励。相应鼓励社员向监事会反映情况，对工作服务态度不好的成员给予一定惩罚。

二、农民资金互助合作组织的发展策略

（一）明确农民资金互助合作组织的服务对象，满足广大普通农户的信贷需求

目前，我国农村金融机构（组织）主要分为4类10种，分别为政策性金融机构中的农业发展银行，商业性金融机构中的农业银行、邮政储蓄银行和农村商业银行，合作性金融机构中的农村信用社和农村合作银行，以及新型农村金融机构中的村镇银行、贷款公司、农村资金互助社等。而由于我国农村经济的复杂性，将正式金融与非正式金融有机结合，构建一个多元化的农村金融组织体系已经在国内学者间达成共识。从目前农村经济发展中不同主体的贷款需求出发，明确各金融机构的主要服务对象，可以看出，满足广大普通农户的贷款需求，是农民资金互助合作组织的发展方向（表7-2）。

表7-2　农村各经济主体的贷款需求

贷款主体	贷款需求	金融机构
农业产业化龙头企业	大额、稳定的资金供给	农业银行、农村商业银行等
农村内部中小企业和经营大户	借贷门槛低、适合当地经济发展需要	农村信用社、村镇银行
符合国家发展政策的经济主体	为符合国家特定经济发展政策的企业和个人提供贷款	农业发展银行
广大普通农户	借贷金额小、手续简单快捷，符合广大农户的贷款需求	农民资金互助社、小额贷款公司

（二）强化互助合作的特征，弱化盈利目的，避免组织规模的过度扩张

不以盈利为目的，满足广大普通农户的基本信贷资金需求，是农民资金互助社在设立之初就确定的目标。目前社会上出现的各类农民资金互助合作组织倒闭的现象，究其根源，是脱离了以农户为主体的发展方向，盲目扩大规模，导致风险扩大到无法预计的地步。只有在合作制原则基础上，建立在地缘、血缘关系和村落小农经济基础上的农村资金互助社，才能保障社员之间信任和信息对等，这是开展资金互助的基础，也是提高农村资金互助社防范风险能力的保证。

（三）明确农户的各类信贷需求，加强与农村专业合作社等之间的合作

分析普通农户的基本信贷需求，可以让我们真正了解农户信贷需求中未能得到满足的部分，而满足现有资源无法满足的信贷需求，就是农民资金互助社未来的发展方向。农户的资金需求一般可分为农业生产性资金需求、非农经营以及生活性支出。农业生产性资金需求指农户用于购买农资、畜禽以及购置农机等用于农业生产的资金，非农经营则主要指农户从事零售、建筑、餐饮等各类非农业类经营活动的资金需求，生产性支出指用于建房买房、孩子学杂费、红白喜事、看病医疗及其他支出的资金需求。在充分利用现有金融资源，满足能够满足的信贷需求之后，普通农户中无法加入专业性合作社农户的生产性农业需求，不能从小额贷款公司处取得贷款农户的生活性支出需求以及非农经营需求，即为农民资金互助社需要满足的农户资金需求（图 7–1）。

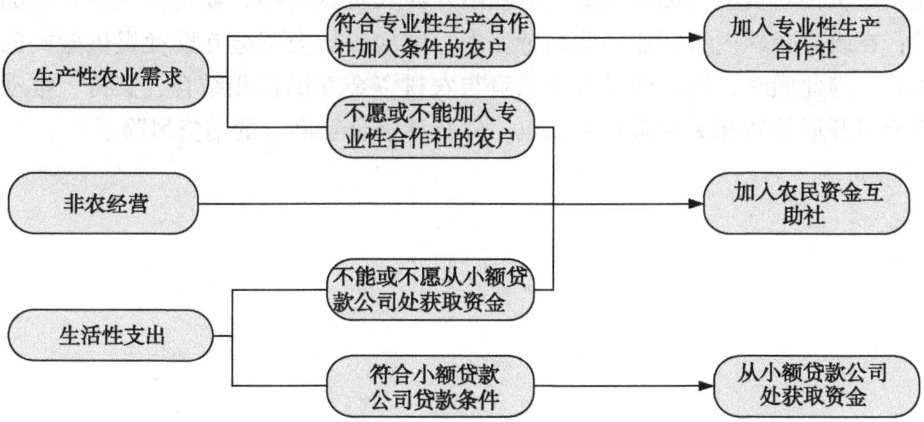

图 7–1　基于农户信贷需求的农民资金互助合作组织的发展策略

同时，农民专业合作社一般是基于生产、销售及技术上的合作，而农村资金互助社依托自身的融资能力和金融服务，实现信用合作，可有效促进农民专业合作组织的发展。因而，应推进和深化构建“农民专业合作社+农村资金互助社”模式，立足专业生产发展，积极探索信贷合作与联合销售、联合购买相结合的途径，达到相互促进、共同发展的目的。在一些人口稠密的东部农村地区，积极探索农村资金互助社与多个农民专业合作社的合作，以增大社员经营产品的差异性程度，实现资金运用的非集中化，适度扩大资金互助的调剂规模，降低管理成本。当然，为防止资金互助社失去信息灵通及地缘、人缘等优

势，在与多个农民专业合作社开展资金互助时，其经营活动范围一般不宜超过一个乡（镇）。

（四）深化与正规金融机构间的合作，转移资金互助社的资本风险

农民资金互助社具有信息和监督优势，而正规金融则具有资金优势，二者的联合既可克服资金互助社的资金短缺问题，又可避免正规金融机构与农户交易成本过高的问题。为此，可由政府部门出台相关扶持政策，引导正规金融面向经营良好的资金互助社的资金“供血”，即首先由正规金融机构向资金互助社批发贷款，再由互助社向其社员提供零售贷款，使资金互助社成为联系正规金融与农村的纽带，解决分散农户无法与银行直接交易的难题。为引导、激励银行与资金互助社建立资金与业务合作机制，具体的政策措施可包括：对商业性金融机构主动向农村资金互助社批发贷款的，给予财政补贴和贴息；将商业性金融机构对资金互助社的批发贷款纳入涉农贷款和小企业贷款风险补偿的范围；在政府对辖内银行业的业绩考评中，增加银行向资金互助社提供融资的奖励等。与此同时，还应引导农业保险与农村资金互助社相结合，支持、推动保险公司开展信贷相关保险险种试点，以转移资金互助社的信贷风险。

参考文献

巴曙松 . 2003. 巴塞尔新资本协议框架下的操作风险衡量与资本金约束 [J]. 经济理论与经济管理（2）：17-24.

陈东平，倪佳伟，周月书 . 2013. 行动者网络理论下农民资金互助组织形成机制分析 [J].贵州社会科学（6）：116-121.

陈东平，周振 . 2012. 农村资金互助社的内部治理机制缘何“异化”？——社员合作博弈的视角与来自浙南 M 镇的证据 [J].江苏社会科学（02）.

陈司谨 . 2011. 农村资金互助组织发展的制度进化 [J].社会科学家（10）：70-73.

董晓林，张晓艳，叶天天 . 2013. 农户参与农民资金互助社行为的影响因素分析——基于江苏省 3 市 4 县（区）825 户农户的调查数据 [J].中国农村观察（3）.

董晓林，徐虹，易俊 . 2012. 中国农村资金互助社的社员利益倾向：判断、影响与解释 [J].中国农村经济（10）：69-77.

范方志，周陈曦 . 2008. 两类农村合作金融机构比较研究 [J].经济纵横（11）：71-73.

何广文 . 2007. 农村资金互助合作机制及其绩效阐释 [J].金融理论与实践（4）：3-8.

洪正，王万峰，周轶海 . 2010. 道德风险、监督结构与农村融资机制设计——兼论我国农村金融体系改革 [J].金融研究（06）.

洪正 . 2011. 新型农村金融机构改革可行吗？——基于监督效率视角的分析 [J].经济研究（02）.

胡建东 . 2010. 农民资金互助组织内生机制研究 [D].合肥：安徽大学 .

金大卫，潘勇辉 . 2009. 政策性农业保险的道德风险调控初探——基于信息经济学的视角 [J].农业经济问题（10）：25-33.

李妍 . 2010. 金融监管制度、金融机构行为与金融稳定 [J].金融研究（09）：198-206.

李蓉 . 2008. 农村合作金融机构公司治理绩效弱化成因与对策 [J].金融与经济（12）.

刘珊珊 . 2013. 农民资金互助组织的使命漂移识别 [D].南京：南京农业大学.

刘西川，陈立辉，杨奇明 . 2014. 成员主导型金融组织治理：理论框架与比较分析 [J].农业经济问题（10）：70-80.

刘西川，陈立辉，杨奇明 . 2013. 成员主导型金融组织治理研究：一个文献综述 [J].金融评论（06）.

刘小玄，王冀宁 . 2011. 新兴小型金融机构的产权和法人治理机制 [J].经济学动态（02）.

刘金海 . 2009. 互助：中国农民合作的类型及历史传统 [J].社会主义研究（04）：37-41.

刘宛晨，段泽宇 . 2008. 完善农村资金互助社以满足农户信贷需求 [J].财经理论与实践，29（3）：26-29.

卢敏，李云方 . 2012. B 农民资金互助社的成因、运行与发展困境分析 [J].农业经济问题（03）：38-42.

陆智强，熊德平，李红玉 . 2011. 新型农村金融机构：治理困境与解决对策 [J].农业经济问题（08）.

麻勇爱，章也微 . 2011. 农村资金互助社信用风险与防范 [J].云南民族大学学报（哲学社会科学版），28（3）：86-91.

马九杰，周向阳 . 2013. 农村资金互助社的所有权结构、治理机制与金融服务 [J].江汉论坛（05）：59-65.

潘劲 . 2011. 中国农民专业合作社：数据背后的解读 [J].中国农村观察（06）：2-11.

潘军昌，张学姣，孔有利 . 2013. 农民资金互助社监管漏洞探析——基于灌南农民资金互助社倒闭案的分析 [J].江苏农业科学（10）：412-414.

任芃兴 . 2012. 农民资金互助社合作金融功能异化机理研究 [D].南京：南京农业大学.

沈杰，马九杰 . 2010. 我国新型农村金融机构发展状况调查［J］.经济纵横（6）：75–79.

王苇航 . 2008. 关于发展农村资金互助合作组织的思考［J］.农业经济问题（8）：61–65.

王江，神田键策 . 2008. 农村互助合作金融模式绩效分析［J］.海南大学学报（人文社会科学版），26（4）：437–441.

王玮，何广文 . 2008. 社区规范与农村资金互助社运行机制研究［J］.农业经济问题（9）：23–28.

吴治成 . 2012. 农村新型金融组织风险管理问题研究［D］.哈尔滨：东北农业大学 .

夏英，宋彦峰，濮梦琪 . 2010. 以农民专业合作社为基础的资金互助制度分析［J］.上海集体经济（4）：26–29.

薛桂霞，孙炜琳 . 2013. 对农民专业合作社开展信用合作的思考［J］.农业经济问题（04）：76–80.

杨灿秋 . 2008. 中国农村合作金融发展研究［D］.北京：中国人民大学 .

叶托，李金珊 . 2010. 农村合作金融机构的治理机制及其失灵［J］.中共宁波市委党校学报（02）.

张云燕 . 2013. 陕西农村合作金融机构信贷风险影响因素及控制研究［D］.杨凌：西北农林科技大学 .

张毓卿，周才云 . 2012. 农村微型金融机构的风险度量与控制［J］.理论探索（2）：74–77.

张正平，何广文，梁毅菲 . 2012. 微型金融机构社会绩效研究进展述评［J］.经济学动态（1）：141–145.

张润林 . 2009. 微型金融研究文献综述［J］.经济学动态（04）：133–137.

张德元，张亚军 . 2008. 关于农民资金互助合作组织的思考与分析［J］.经济学家（1）：40–47.

周才云 . 2013. 农村微型金融机构风险的生成机理及其防范［J］.经济问题探索（02）.

周才云 . 2013. 农村微型金融机构风险与经营绩效的动态关系——基于 8 所机构的变截距面板数据分析［J］.当代经济管理（09）.

C. van Rooyen，R. Stewart，T. de Wet. 2012. The Impact of Microfinance in Sub–Saharan Africa：A Systematic Review of the Evidence［J］. World

Development. 40 (11): 2249-2262.

Carlos Serrano-Cinca, Begoña Gutiérrez-Nieto. 2014. Microfinance, the long tail and mission drift [J].International Business Review. 23 (1): 181-194.

David H. Goldenberg. 2004. Beyond Greed and Fear: Hersh Shefrin, Oxford University Press, New York, 2002, pp. 368, 0-19-516121-1 [M]. 131-134.

Eric Van Tassel. 2004. Household bargaining and microfinance [J]. Journal of Development Economics. 74 (2): 449-468.

Gwendolyn Alexander Tedeschi. 2006. Here today, gone tomorrow: Can dynamic incentives make microfinance more flexible [J]? Journal of Development Economics. 80 (1): 84-105.

Hersh Shefrin, Meir Statman. 1994. Behavioral Capital Asset Pricing Theory (Hersh Shefrin & Meir Statman) [J]. Journal of finance and Quantitative Analysis (35): 127-151.

Jonathan Morduch. 1999. The role of subsidies in microfinance: evidence from the Grameen Bank [J]. Journal of development economics. 60 (1): 229-248.

Maitreesh Ghatak, Timothy W. Guinnane. 1999. The economics of lending with joint liability: theory and practice [J].Journal of Development Economics. 60 (1): 195-228.

Rients Galema, Robert Lensink, Roy Mersland. 2012. Do Powerful CEOs Determine Microfinance Performance [J]? Journal of Management Studies. 49 (4): 718-742.

Thierno Amadou Barry, Ruth Tacneng. 2014. The Impact of Governance and Institutional Quality on MFI Outreach and Financial Performance in Sub-Saharan Africa [J]. World Development. 58: 1-20.

附　录

附录 1：盐城市农村资金互助社对农民收入分配影响的调查问卷

尊敬的农民朋友，感谢您在百忙之中抽出时间接受我们的调查访问，为了使数据准确，望您如实填写调查问卷，这些数据仅供研究之用，我们将对您的个人信息严格保密，谢谢您的合作。

调查地区：______县（市）______乡（镇）______村

一、被调查者基本情况

1. 您的年龄：______，性别（　）　A 男　B 女
2. 您的家庭人口数：______，其中，务农______人，外出打工______人；
3. 您的文化程度是（　）

A 小学以下　B 小学　C 初中　D 高中或中专　E 大专及以上

4. 目前家中共有土地______亩
5. 家中是否有党员（　）　A 有　B 没有
6. 去年家庭总收入____元，其中：农业收入____元，非农业收入____元；

二、关于农民资金互助社的情况

1. 您的家庭种植哪些经济作物？（　）可多选

A 水稻　B 玉米 C 大豆　D 花生　E 其他________　F 无种植

2. 您家种植的经济作物主要用于（　）

A 销售　B 自己实用　C 其他________

3. 影响您家庭收入增加的主要原因是（　　）

A 资金　　B 技术　　C 劳动力　　D 农产品销售难

E 自身文化水平低或没有专业技能　　F 外出打工等增加收入的机会少

G 其他因素______

4. 您家每年经济支出最大的项目是（　　）多选题

A 老人赡养费　　B 生活费用　　C 农业生产费用　　D 医疗费用

E 造房修房　　F 教育费用　　G 其他______

5. 您家土地使用情况如何？（　　）

A 没有闲置土地　B 有少量闲置土地　C 有大量闲置土地　D 不了解

6. 您是否加入了农机合作社等组织？（　　）

A 没听说过　　B 加入了　　C 家庭状况好，不用加入

7. 您对农村资金互助社的了解程度？（　　）

A 不知道　B 听说过　　C 一般了解　　D 非常了解

8. 您的家庭平均年收入大约是多少？（　　）

A 5 000 以下　　B 5 000~10 000 元　　C 10 000~30 000 元

D 30 000~50 000 元　　E 50 000 以上

9. 您家里的主要收入来源是（　　）

A 依靠农业生产　　B 依靠基本工资　　C 依靠手工业制作

D 外出劳务　　E 个体户经营　　F 其他________

10. 您是否参与了本地的资金互助社？（如果有请直接回答下一题，否则跳至第 21 题）

A 是　　B 否

11. 如果您参与了，您加入农村资金互助社的目的是？（　　）

A 贷款　　B 分红　　C 存款　　D 其他

12. 您加入农村资金互助社后，是否通过农村资金互助社进行过贷款？（　　）（如果有请直接回答下一题，否则跳至第 20 题）

A 有　　B 没有

13. 如果您贷过款，您贷过几次？（　　）

A 0~2 次　B 2~5 次　C 5~8 次　D 8 次以上

14. 您的贷款金额一般为多少？（　　）

A 5 000 元以下　　B 5 000~10 000 元　　C 10 000~30 000 元

D 30 000 以上

15. 您的贷款资金主要用于哪些用途？（　　）可多选
A 购买饲料化肥等农产品　B 发展种植产业，扩大规模农业
C 招商引资办工业，兴建工厂等　　D 外出经商做生意
E 婚嫁买房建房　F 医疗、教育等费用支出　　　　G 其他________
16. 通过贷款后，您的主要收入来源（　　）可多选
A 依靠基本工资　B 依靠手工业制作　C 外出劳务　D 个体户经营
E 种植业　　　　F 养殖业　　　　G 加工业　　H 其他________
17. 您认为农村资金互助社在多大程度上解决了您贷款方面的需求？（　　）
A 20%以下　　B 20%~50%　　　　C 50%~80%　　　　D 80%以上
18. 您认为通过向农村资金互助社贷款后您的收入变化是（　　）
A 增加　　B 减少　　　C 没变
19. 您认为贷款后您的收入增加或减少了（　　）
A 0　　B 0~10%　　C 10%~30%　　D 30%~50%　　E 50%以上
20. 如果您加入农村资金互助社后，没有贷过款，主要原因是（　　）
A 家庭状况较好，不需要贷款　　　B 贷款审批过程较繁琐
C 贷款发放不及时，很慢
D 农村资金互助社提供的资金不能满足自己的需求　E 其他________

如果您没有参加农村资金互助社
21. 您的家庭消费支出和收入情况如何？
A 入不敷出　B 收支大体平衡　C 收大于支略有盈余　D 收入大量盈余
22. 您缺乏资金时一般采取何种渠道解决？
A 向亲戚朋友借钱　B 向商业银行借　C 向农村信用社等金融机构申请贷款
D 借高利贷　　　　E 其他________
23. 您没有加入农村资金互助社的原因是（　　）可多选
A 自身条件不符合　　　　　　　　B 家庭条件良好，不需要加入
C 发展时间不长，缺少必要监管，担心风险问题
D 有更好更安全的其他融资渠道　E 农村资金互助社制度结构不合理
F 其他 ________

附录 2：关于农村资金互助组织管理者的调查问卷

一、基本情况

您的姓名：__________________ 您的职位：______________________

您的电话：________________ 您所在单位名称：____________________

单位中成员人数：________________ 最初建立时间：__________________

二、问卷主体

Q1. 本互助社的决策目标是（　　）

A 组织利润最大化　　B 互助社成员利益最大化

Q2. 本互助社的高层管理者人数有______人，其中理事会____________人，监事会人_______________人

Q3. 目前，该资金互助社现有社员多少人？________________人

Q4. 合作社会员进入的标准是什么？（　　）

A 拥有一定的经济基础　B 在本地有不错的名声

Q5. 本资金互助社的注册资本为________________万元。

Q6. 本资金互助社的资金主要来源是（　　）

A 互助社成员平摊　　B 互助社高层股东制　　C 由当地农民筹集

D 相关金融机构的合作　　E 政府部分出资

Q7. 本资金互助社的年均累积放贷量为________________万元。

Q8. 本资金互助社发放贷款的最大数额是________________万元。

Q9. 本资金互助社要求的最迟还款期限为（　　）

A 一个月　　B 三个月　　C 半年　　D 一年或以上

Q10. 本资金互助社对于贷款逾期现象会作何处理（　　）

A 道德说教　　B 抵押担保　　C 行政手段　　D 法律手段

Q11. 如果出现逾期行为，本互助社设定的逾期率为多少（　　）

A 同期贷款的 1 倍　　B 同期贷款的 1.5 倍

C 同期贷款的 2 倍　　D 同期贷款的 3 倍

Q12. 当地政府对您的互助合作社的态度（　　）

A 鼎力支持　　B 偶尔关心　　C 中立　　D 漠不关心　　E 不了解

Q13. 您认为政府对农村资金互助合作组织的财政政策主要体现在哪一方面（　）

A 政府为互助社购买资产或技术

B 政府改变对农民的补助

C 控制银行税率，提高互助社的竞争力

D 控制税率结构，对不同产品实行不同税率调整

Q14. 您认为政府的财政政策对农村资金互助社有无影响（　）

A 有较大影响　B 有影响，但影响不大　C 没太大影响　D 完全没影响

Q15. 您认为政府财政政策的影响主要来源于（　）

A 对货币供给的控制　B 对银行利率的控制

C 对物价水平的控制　D 对人民生活指数的控制

为什么？________________________________

Q16. 根据相关的农业法律法规，当地政府是否对您农村资金互助社提供支持（　）

A 有（回答第 17 题）　B 没有（回答第 18 题）

Q17. 承上题，如果有，则主要体现在哪一方面的支持（　）

A 资金支持　B 政策支持　C 人才支持　D 技术支持

Q18. 该镇拥有多少资金互助社（　）

A 1 个　B 2~3　C 3~5　D 5 个以上

Q19. 您的资金互助社所处的地区农产品（水稻、小麦、棉花等）收购价格波动幅度（　）

A 非常大　B 比较大　C 较为平稳

Q20. 农产品收购价格与您所在合作组织的借贷需求的影响（　）

A 正相关（价格越高，借贷需求越高）

B 负相关（价格越高，借贷需求越低）

C 没什么影响

Q21. 本村农户与农村合作组织资金供求情况如何（　）

A 供不应求　B 供求平衡　C 供大于求

Q22. 社员申请贷款的条件有哪些？（　）

A 需要担保人　B 需要抵押房屋之类的固定资产

C 需要抵押土地　D 其他

Q23. 社员申请小额贷款（5 万以下）的流程时间________天。

Q24. 社员申请大额贷款（5万以上）的流程时间________________天。

Q25. 在面对一些较大的事情（比如说贷款数额较大，采购先进的技术），合作社是采取什么样的决策方式（　　）

A 高层决策　　　　　B 各部门代表决策

C 专门的决策部门决策　D 绝对民主决策

Q26. 在面对一些小事情，合作社是采取什么样的决策方式（　　）

A 各部门代表决策　　　　B 专门的决策部门决策

C 绝对民主决策　　　　　D 适当情况自己直接决策

Q27. 您所在合作社监事会负责人叫什么名字？__________他的职业是：__________工作单位地点是否在本镇____________（A 是　　B 否）

Q28. 该互助社是否制定了相关监督规则进行监督（　　）

A 有（回答第29题）　　　B 没有（回答第30题）

Q29. 您所在合作组织有哪些监督规则（　　）

A 设置监督制度　B 各部门互相监督　　C 上级对下级的监督

Q30. 社员进入时合作社是如何监督的（　　）

A 高层管理者决定　　B 由社员代表决定

C 由各部门相互决定　　D 熟人推荐直接进入

Q31. 您认为资金合作社或资金互助组织监管的最基本出发点是（　　）。

A 维护国家阶级利益　　B 维护社员利益

C 控制金融机构经营风险　D 维护金融秩序

Q32. 您认为下列属于非组织或合作社系统风险的是（　　）。

A 信用风险　　　　　B 市场风险

C 购买力风险　　　　D 政策风险

Q33. 您认为是否要控制资产充足率？________，您觉得百分之____比较合适，为什么？____

Q34. 贵社是否发生过资金运转不足的情况？______________（A 是 B 否）；有的话，事后______（A 是　B 否）会制定避免制度？如果没有发生的话，贵社如何防止挤兑而导致的“钱荒”？______________

Q35. “证券市场是经济晴雨表”是因为（　）。

A 证券市场走势滞后于经济周期　　B 证券市场走势比经济周期提前

C 证券市场走势经济周期时间完全吻合　D 证券价格指数能事后反映

Q36. 您所在农村资金互助社是否采取相应的激励措施（　　）

A 是（回答第 31 题）　　　B 否（回答第 32 题）

Q37. 您所在农村互助合作组织采取的激励措施包括（　　）

A 股份奖励　　B 提高奖金份额　　C 岗位调换

Q38. 本资金互助社发放贷款时会考虑社员的哪些因素（可多选）（　　）

A 年龄　B 教育程度　C 收入情况　D 信用情况（如果选择，请做）

E 贷款用途　　F 有无担保或抵押

Q39. 在考虑信用情况时，合作社会考虑到哪些（　　）

A 与其他村人的关系

B 有没有还贷问题的前科

C 在其他村民心目中的印象

Q40. 本资金互助社发放的贷款一般用于农民的何种投资（　　）

A 种植业　　B 养殖业　　C 加工业　　D 经商或其他

Q41. 相对于银行，该资金互助社有哪方面的优势（　　）

A 互助社的利息率比较低

B 向互助社贷款相对比较容易

C 贷款时，不需要抵押固定资产或者担保人

D 贷款程序比较简单，速度快

Q42. 在遇到一些管理风险时，你的互助社会采取什么样的解决方式（　）

A 通过事先采取措施来规避风险发生率和发生程度

B 通过采取措施减少风险的发生

C 在风险发生后再进行解决处理

D 把发生的风险进行分散处理以使影响最小化

Q43. 每一次面对内部管理风险的发生，互助社是如何解决的（　）

A 由互助社高层商讨提出方案

B 直接由互助社领导提出方案

C 由互助社所有成员一起商讨决定

D 由互助社部分成员商讨决定

Q44. 您对农村资金互助组织，有何意见、期望或是建议？

____

____

图书在版编目（CIP）数据

农民资金互助合作社发育与风险防控管理研究 / 高雷著 .—北京：中国农业科学技术出版社，2017. 8

ISBN 978-7-5116-2980-7

Ⅰ. ①农…　Ⅱ. ①高…　Ⅲ. ①农村资金-资金管理-研究-中国　Ⅳ. ①F323. 9

中国版本图书馆 CIP 数据核字（2017）第 032893 号

责任编辑　朱　绯
责任校对　马广洋

出 版 者　中国农业科学技术出版社
北京市中关村南大街 12 号　邮编：100081
电　　话　（010）82106626（编辑室）（010）82109702（发行部）
（010）82109703（读者服务部）
传　　真　（010）82106626
网　　址　http://www.castp.cn
经 销 者　各地新华书店
印 刷 者　北京建宏印刷有限公司
开　　本　710mm×1 000mm　1/16
印　　张　4. 75
字　　数　88 千字
版　　次　2017 年 8 月第 1 版　2017 年 8 月第 1 次印刷
定　　价　36. 00 元